孩子,让我和你一起长大

梁小桥 著

黑龙江教育出版社

图书在版编目(CIP)数据

孩子,让我和你一起长大/梁小桥著. --哈尔滨:
黑龙江教育出版社,2012.5
ISBN 978-7-5316-6274-7

Ⅰ.①孩… Ⅱ.①梁… Ⅲ.①家庭教育 Ⅳ.①G78

中国版本图书馆 CIP 数据核字(2012)第 082806 号

孩子,让我和你一起长大
Haizi Rangwo Heni Yiqi Zhangda

梁小桥 著

策划编辑	宋怡霏
责任编辑	宋怡霏
封面设计	冯军辉
责任校对	刘佳玉
出版发行	黑龙江教育出版社
	(哈尔滨市南岗区花园街 158 号)
印 刷	北京文林印务有限公司
开 本	787×1092 毫米 1/16
印 张	15
字 数	190 千
版 次	2012 年 7 月第 1 版
印 次	2012 年 7 月第 1 次印刷
书 号	ISBN 978-7-5316-6274-7 定 价 29.80 元

黑龙江教育出版社网址:www.hljep.com.cn
如需订购图书,请与我社发行中心联系。联系电话:0451-82529593 82534665
如有印装质量问题,影响阅读,请与我社联系调换。联系电话:0451-82529347
如发现盗版图书,请向我社举报。举报电话:0451-82560814

序：孩子就是女人的姿色

很多结了婚有了小孩的女人，对着镜子看着自己眼角的皱纹、发黄的脸色和逐渐变粗的腰身，都会莫名有一点忧虑。忧虑青春渐走渐远，忧虑爱人的爱不复从前。有一个朋友总是质疑爱人无缘无故地晚归，有时爱人的一句话也会让她夜不能寐、思来想去。无奈之下她找到我：小桥姐，我是不是心理有疾病呀？二十几岁的时候我很潇洒呀，怎么现在搞得自己这么紧张呢？我告诉她在婚姻中在乎对方、关心对方是一件好事，这是对婚姻负责的表现，因为你看重你的婚姻，所以你才格外看重和你共同经营婚姻的这个人。但是即便再看重也总要有个度，否则过犹不及。我问她你很害怕离婚吗？她说原来不害怕，后来有了孩子特别害怕，怕自己不能给孩子一个完整的家庭。

我这位朋友的情况可能稍特殊了点，但她的情况在很多成为妈妈的女人中曾出现过，不过是程度深浅不同而已。

一个女人在经历了家庭、生育之后，她的身材和心态都会发生很大的变化。在皮肤松弛、腰围变粗的时候，自信心同时也随之消失了。还有的女人在做了妈妈后事业也受到了极大的冲击，从一个征战职场的白领变成了跟不上潮流的全职主妇。这个时候她会对自己的婚姻格外紧张，有的甚至诚惶诚恐、草木皆兵。我的朋友就是典型的这种状况。她知道自己虽然是全职妈妈，但不能邋遢，她长得很漂亮，也舍得买漂亮的

衣服。可是这种恐惧却丝毫未减轻，相反在未来的生活中越来越明显。

我告诉她不用那么紧张，要放轻松。可以试着把关注爱人的那颗心收回一些放到孩子身上，好好养育孩子，这样看似背道而驰，其实却很有效果。这种方法不仅心情放松，而且着实奏效。我们想一个男人回到家，看到自己的妻子依旧年轻漂亮、嘘寒问暖，他自然开心。但是如果他看到自己的孩子因为缺少关爱和好的指导而落于同龄人之后时，他便如何也开心不起来。一个男人年轻的时候比的是妻子，而立之年后拼的就是事业，再往后只有那个和他血脉相连有着无限希望的孩子了。看过有些事业有成、呼风唤雨的男人，当他们说起自己孩子的高考成绩时，刹那间就变得底气不足，和刚才判若两人。

很多时候，男人到了一定的年龄，孩子就变成了他的另外一张脸面。

我想对那些千方百计地想拴住爱人的女人说，管好自己的孩子，就是把握住自己婚姻的最好方法。记得每年七八月份，报纸上都有大篇幅的关于中高考状元的报道，他们的家庭几乎都是同一个模式，和谐美满幸福。他们的家庭没有过问题吗？不太可能，因为几乎所有的家庭都会遇到这样那样的问题。我想他们的家庭也会和别的家庭一样在许多方面有分歧，但是他们有一个共同点——经营孩子。也正是因为这一个共同点，因为这个和两个人都有血缘关系的孩子，因为他的优秀，让这个家庭所有的问题都变成了小事。只要一谈到孩子，他们就会心情愉悦，有成就感，家庭关系自然融洽。因为有了这个好孩子，爱人非常愿意在人前谈起他的家庭，因为有面子，很骄傲；也因为有这个好孩子，爱人很恋家，因为孩子让他觉得未来很有希望，爱人自然也会尊重、体谅妻子，因为他知道为了他们共同的孩子，妻子付出了特别多的时间和精力。

我不太关心体育赛事，但也知道一点。2008年"火箭"的22连胜导致队员们的空前融洽，甚至好得要同穿一条裤子。而在经历了连续的失败后，我们便在报纸上常能看到关于"火箭"内讧的种种传闻。一个球队和一个家庭差不多,球队共同经营的是比赛成绩,而一个家庭共同经营的则是孩子。

记得看《蜗居》里面有这样一个桥段,宋思明的女儿向她的妈妈抱怨,爸爸好久不回家了。她担心的不是妈妈的感受,而是她需要爸爸运用他的权力来帮自己读上重点高中。她的理由是自己努力太辛苦,还不是爸爸一句话的事。看到这里,我甚至开始理解了宋思明。宋太太始终说为了这个家和孩子付出了青春,做得如何如何多,通过这个孩子我看出来她不是一个聪明的妈妈。她可能认为自己为孩子做得特别多,可是她做得并不好。就好比一个工厂生产了好多商品,工人认为自己没功劳也有苦劳。可是产品都是残次品,不仅浪费了时间,还浪费了原材料。宋太太就是这样的工人,因为她不注重工作的质量,所以很难守得住自己的饭碗。

一个女人,如果你没有蒸蒸日上的事业能够养得起自己的爱人,如果你也没有千年不老的妖法魅惑住男人,那么就请你安分守己地经营好自己的小孩吧。

因为你的孩子便是你的姿色,你的小孩能打几分,你的姿色便有几分。

目录

第一章　孩子是个随机的生命 …………………………（1）

第一节　理工夫妻的契约生活 ……………………………（1）
第二节　孕期焦虑：是魔鬼，还是天使 ……………………（3）
第三节　孕育是件神奇的事情 ……………………………（6）
第四节　胎教真有那么神奇吗 ……………………………（8）
第五节　丁克家庭亏大了 …………………………………（10）
第六节　早教，你准备好了吗 ……………………………（11）
第七节　和孩子一起玩着长大 ……………………………（14）
第八节　孩子是个随机的生命 ……………………………（18）
第九节　在教育上该给孩子多少 …………………………（22）
第十节　我的孩子是最好的 ………………………………（26）

第二章　识字是件很简单的事 ………………………（28）

第一节　先飞的火烈鸟 ……………………………………（28）
第二节　该用什么样的顺序让孩子识字 …………………（31）
第三节　随时随地都可以识字 ……………………………（33）
第四节　让书香溢满每一个房间 …………………………（36）
第五节　选择一个好朋友 …………………………………（40）
第六节　坚持是最重要的 …………………………………（43）
第七节　享受文字的美 ……………………………………（45）

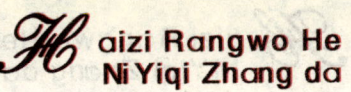

目录 CONTENTS

第八节　爱上阅读 …………………………………（46）

第九节　绘画是一种独特的写作方式 ……………（50）

第十节　通过阅读的方式获取知识 ………………（53）

第十一节　用文字进行亲子交流 …………………（58）

第十二节　识字的副产品 …………………………（62）

第三章　牵着我的手的你的手 ……………（63）

第一节　他不是一个标准的小男孩 ………………（63）

第二节　你可以试着勇敢一点 ……………………（66）

第三节　说到就要做到 ……………………………（70）

第四节　我说过的,你都要记得呦 ………………（73）

第五节　玩具——孩子亲密的伙伴 ………………（74）

第六节　家有小财迷 ………………………………（79）

第七节　孩子,妈妈是穷人 ………………………（83）

第八节　永远都是小婴儿 …………………………（85）

第九节　打乒乓球给我的启发 ……………………（87）

第十节　我是小小男子汉 …………………………（89）

第十一节　牵着我的手的你的手 …………………（92）

第十二节　和你一样又那么不一样的小孩 ………（94）

目录

第四章 外面的世界——幼儿园 (96)

第一节 我这样为铁锤选择幼儿园 (96)
第二节 适合的才是最好的 (98)
第三节 选择了，就要相信 (101)
第四节 那个不爱吃饭的小孩 (104)
第五节 不送礼的幼儿园 (107)
第六节 明日就是海角天涯 (111)
第七节 五个小孩坐火车 (112)
第八节 偶尔宠爱也无妨 (116)
第九节 那个不听话的坏小孩 (118)
第十节 幼儿园大班——和牙齿较真的日子 (121)
第十一节 牙齿的故事 (125)
第十二节 那条脉冲信号的小路 (127)

第五章 柔软地面对孩子的问题 (129)

第一节 孩子，你可以和陌生人说话 (129)
第二节 孩子，你可以打架 (131)
第三节 面对犯罪，我们该让孩子如何 (134)
第四节 我们要不要让孩子变得世故 (136)

目录

第五节　骂人是成长的必经之路吗 …………………………（138）

第六节　你会吃孩子的剩饭吗 ………………………………（140）

第七节　孩子哭吧,不是罪 ……………………………………（142）

第八节　妈妈,有女生说爱我 …………………………………（145）

第九节　孩子,你要学会做配角 ………………………………（147）

第十节　柔软地面对孩子的问题 ……………………………（149）

第十一节　要求完美是缺点还是优点 ………………………（150）

第十二节　准小学生竟然想退休 ……………………………（153）

第六章　童话般的母子关系 …………………………（156）

第一节　妈妈和你是一伙的 …………………………………（156）

第二节　孩子,请不要怕我 ……………………………………（159）

第三节　放开手,你会更幸福 …………………………………（164）

第四节　妈妈越调皮,孩子越聪明 ……………………………（168）

第五节　你珍惜每天的黄金十分钟了吗 ……………………（172）

第六节　妈妈变成了女特务 …………………………………（176）

第七节　在小男人的甜言蜜语中沦陷 ………………………（178）

第八节　爱心妈妈,美丽厨娘 …………………………………（182）

第九节　妈妈也是弱者 ………………………………………（185）

第十节　好想做个没心没肺的女人 …………………………（187）

目录

第十一节　孩子,妈妈是你的同学 …………………………（191）

第十二节　做妈妈,还是做保姆 ……………………………（193）

第十三节　不要用爱胁迫孩子 ………………………………（195）

第十四节　做一个让孩子骄傲的妈妈………………………（196）

第七章　孩子他爸,咱们两个要一条心 ……………（200）

第一节　你是有婚姻的单亲妈妈吗 …………………………（200）

第二节　孩子爸爸哪去了 ……………………………………（203）

第三节　究竟是谁的小孩 ……………………………………（206）

第四节　不做肉丸子父母 ……………………………………（209）

第五节　孩子不是父母的装饰品 ……………………………（211）

第六节　育儿中的贝勃定律 …………………………………（214）

第七节　尊重孩子从小事做起 ………………………………（218）

第八节　孩子写作业的时候,你在做什么 …………………（221）

第九节　你给孩子感恩的机会了吗 …………………………（223）

第一章
孩子是个随机的生命

我们生一个小孩,好像我们得到了一粒神奇的种子。这粒种子不会因为养育它的我们是农夫就注定要长成狗尾草,也不会因为我们是人杰它就必定长成国色天香的名贵牡丹。

不论得到什么样的种子,只要我们精心地为它浇水、施肥、捉虫,给它全部的爱,它即便长不成参天大树,也一定能够长成栋梁之才。

正因为孩子不是父母简单的复制与翻版,所以人类的历史才不会重复,我们的社会才可以迎来一个又一个崭新的时代。

第一节　理工夫妻的契约生活

看过我文字的人都说我是一个感性的妈妈,但也有人认为我是一个非常理智的女人,这个可能和我读工科专业不无关系。有一次我和朋友谈起在计划怀孕之前,我和爱人很认真地探讨了我们的生活,甚至细致到谁洗尿布这样的小细节。朋友笑话我们夫妻之间有"契约"!我想了想,的确如此,我是那种喜欢丑话说到前头的女子。不过我发现在生活中这种"丑话说到前头"的方式还是大有好处的。

在计划生小孩之前,我和爱人曾经很慎重地谈过。我们共同生活了两年,相处比较融洽,已经清楚了解双方的缺点,但是没有到达不能容忍

的程度。所以,我们觉得可以在这个家庭中增加一个新的成员了。于是,那一次的契约相对正式也更细致一些。

记得当时我和爱人谈了三个方面。

如果有了小孩,我们就不再是简单的二人世界了,可能有铺天盖地的家务活,也会有孩子生病哭闹这些烦心事。我们的精力都会被小孩占用很多,自由的时间相对越来越少,这个我们都要有心理准备。不能依旧保持没有小孩的"半自由"状态,想上网就上网,想和朋友聚会就很晚才回家。因为小孩本身就是累人的,如果怕苦怕累,我们可以丁克。如果孩子来了就再也回不去了,谁也没有后悔的机会。所以既然选择做父母,就不要抱怨和厌烦,因为生小孩前你有选择不做父母的权利,既然你要做父母,就一定要做得心甘情愿。不能把怨气发泄在孩子身上,也不可以发泄到对方身上。我们要把小孩当做上天给的礼物,即便是负担,也是一个甜蜜的负担。

我们很清楚养一个小孩不仅花精力同时也要有物质保障。两个人赚钱两个人花和两个人赚钱三个人花完全不是一个概念,所以我们更要努力工作,同时也要计划好家庭的开销。而且在孩子成长教育的过程中,我们难免会有分歧,所以尽量要做到在意见不统一的时候一定要心平气和地坐下来好好谈谈,说明各自观点的利与弊,杜绝吵架。因为吵架,绝对不是解决问题的最好方法。我们还约定在孩子面前不吵架,希望可以给孩子一个平稳和谐的家庭氛围。

还有最重要的一点,我们还约定有了孩子尽量维持家庭的完整。直到今天我依然记得当时我说的话:漫长的婚姻旅途上,我们的感情可能由浓转淡,直到变成左手摸右手一般习惯的亲情。这条路途很长,难免会因为沿途一场美好的风景驻足流连,甚至停下脚步,或者也会因为路况不好,走进泥潭。但这些终归会是漫长旅途的一个小小插曲,我们还是会携手走下去。我们可能会遇到让我们非常动心的那么一个人,但是希望我们在做任何事情的时候都要记得自己已经为人父母的事实。法律可能无法约束情感,希望我们都可以用道德和责任约束自己的行为,

如果真的遇到了那么一个人，几经努力后依然觉得是生命中的不可缺少，甚至到了离开了对方下半生毫无意义的时候，我希望我们能够在安置好孩子的事情后再考虑自己的情感问题。有了孩子以后，这个家庭作出的任何选择，都要以孩子的利益为衡量的最高标准。

这些就是我们口头上的约定，当时爱人承诺不让我给孩子洗一件衣服，在后来的日子里他也真地这样做了，很多家务只要有时间我也会做，铁锤大多穿白色袜子，每晚我都洗干净。他所有的白色衣服也是由我来洗，因为男人比较粗线条，不会细致到袖口和领口。

回忆从前日子，我们好像是一对过分理智的夫妻，一般我在做任何大的决定之前，都会和爱人阐述利弊，例如孩子的择校问题，是不是要择校？选择哪一所学校？当时我考虑的是师资力量、离家的距离远近而选择了目前这所小学，我把所有的优点和缺点都和爱人列了出来，然后综合比较，我们作出了选择。同时我告诉他，这是我自己的分析，我有我个人认知的局限性，因为谁也不是先知，无法预料未来的教育走向。我只是分析目前的情况作出我认为最好的选择，所以不论将来如何，这是我们两个人一致通过的事情，谁也不可以埋怨对方。很多事情我们家里都这样探讨过，但是没有落实到字面签字按手印的程度，因为双方心里都是不轻易许诺的人，口头的约定已是重千斤。

朋友说我们是契约夫妻，我自己也觉得我们不是爱得疯狂的感性男女。或者，在没有更好的相处方式之前，我们会一直契约下去。

工科生的妻子，理科生的丈夫，我们和睦的理工式契约婚姻。

第二节 孕期焦虑：是魔鬼，还是天使

我一直都是一个非常敏感的人，在准妈妈这个特殊时期，这份敏感被极度放大，一不小心变成了焦虑，让我每天都胡思乱想、惴惴不安。

怀孕初期，我的身体没有什么异常状况，心情也很平静。因为一切都在计划之中，所以能够坦然面对并欣然接受。

后来我也学着别人买了一本孕期指南的书，这下子糟糕了，这本书仿佛一粒石子，让我平静的心海频起涟漪。

因为这本书上提到在怀孕前三个月不能接触电脑，提前多久服用叶酸片，不能吃油炸食品等等，我按照书上说的仔细比对我的生活，忽然发现我极有可能生出一个不健康的孩子！从那以后"智力低下"、"肢体残缺"这些词占据了我的大脑。如果我生了一个这样的小孩，我该如何面对他将来的生活呢？于是我变得异常紧张，诚惶诚恐，心情一下子糟糕透了。我不敢这样、不敢那样，就等着两个月超声检查看是否健康。在这期间我的恐慌和焦虑无处释放，一遍遍地问爱人：你说我原来在单位用电脑没事吧？他轻描淡写地说不会有问题的。然后我马上说：你怎么知道没问题，要是有了问题怎么办？然后他就转过来安慰我，可是这样的次数越来越多，甚至在外面逛街的时候我也会上演这么一场，弄得他很烦。其实我也不愿意这样子，但是那种焦虑就像一个魔鬼，潜伏在我心底的一处角落。偶有闲暇，它就会出其不意地跑出来，面目狰狞地吓唬我。其实我也清楚自己要在心里看轻它、打败它，可是最后落败的都是我，结束后它都在暗处嘲笑我的无能。

一次我去医院做常规检查，遇到医生在苦口婆心地劝说一位月龄很大的孕妇。听了一会儿我才知道，这个孕妇有着严重产前抑郁症。她总是怀疑自己的胎儿有问题，频频做超声检查，医生告诉她胎儿一切正常后她也心存怀疑。现在已经是怀孕八个月了，却闹着要引产。她的表情很惶恐、紧张，不停地像要口供一样地询问医生，似乎想让医生给她一个胎儿完全健康的保证。医生无可奈何地面对这样一个焦虑的孕妇，因为谁也不能保证一个各项检查都是正常的胎儿出生之后就一点毛病都没有，但是也不能因为没人可以保证就把一个八个月的胎儿引掉。这个孕妇走后医生无可奈何地告诉我她是典型的产前焦虑，不过表现得过于强烈。每一个刚刚怀孕的准妈妈都会有些焦虑，这是正常的，适当的焦虑

能够让准妈妈时刻警惕，远离那些对胎儿有害的环境和事物，但是过度焦虑对胎儿发育就有不好的影响。听了医生的话，我知道我已经接近了过度焦虑。

其实，每次发泄后我自己也很不开心，有时候我也会让另一个自己告诉我，其实没什么大不了的，任何人都不能永远生活在绝对安全干净的世界里，孕妇也不可以。我们尽量循规蹈矩地生活，其实谁也不能够保证孕育的过程中不出现意外，包括医生自己。但是不论上天给我们一个怎么样的小孩，我们都必须珍惜并且感激。

在我想开以后，我将那些育儿百科的书籍都收了起来，我知道该怎样生活，不用那些东西出来恐吓我。

想开之后，心情轻松了很多，但是偶尔还是会有担忧。记得从前等待看牙医的时候，总是听到诊室里面传来电钻的声音，心里非常恐慌，于是我就拿一个笔记本放在腿上，在牙科走廊里面抄写单词。所以为了避免自己空下来，我会常常在纸上默写背过的唐诗，或者让自己背下来不太熟悉的诗词。为了放松自己，我每天在固定的时间听广播，那时候我特别迷单田芳老师的《七侠五义》，一天不落地听。我宁愿把心思放到风流潇洒的白玉堂身上，也不愿意去追究哪一天是不是吃了腌制食品或是碰了几次电脑。这样心情好了很多，再加上每次孕检都很正常，焦虑越来越少，即便偶尔想起来，也不过是几秒钟就会忘记。

对于准妈妈来说，适当的焦虑就是一个保佑我们的天使，它时刻提醒我们自己是一名孕妇，要早睡早起、营养均衡，尽量在空气清新的环境中生活，它让我们的宝宝在相对安全的环境中健康长大。而过分的焦虑就不同，它是一个张牙舞爪的魔鬼，它把那些烦恼、忧虑无限放大，时刻出现在我们的视野之内，让我们每看一眼就背后起一阵冷汗。它让我们紧张、恐惧甚至无望，这些消极的情绪我们身体里面的宝宝都能够感受得到，多多少少对他们都会有影响。

打败狰狞的魔鬼，留住善良可爱的天使，每个准妈妈都该这么做。

第三节 孕育是件神奇的事情

上面这张小图我保存了七年多,这是我在怀孕七八个月的时候画的,画在一张A4打印纸上,一直折叠着放在我的笔记本里。几次收拾东西我都没有扔掉,对于我来说,这张小图有着特别的意义。

在怀孕初期,我经历了和很多妈妈一样的焦灼和不安,总是会想一些不好的事情。每天看着相关的书籍,对照自己的饮食和生活环境,稍有一点出入,都恐惧会不会影响到肚子里的小孩。当时我的年龄不小不大,对这个孩子很在意。后来还闹出了一个笑话。在知道怀孕四十多天的时候我忽然发现有出血的迹象,于是到医院检查,医生说是先兆性流产,建议卧床休息,同时要每天早晨用早孕试纸检查,如果试纸显示妊娠,就一切都好。如果试纸毫无反应,那么很可能胎儿已经没有生命迹象了。回到家后我就开始了与大地呈0度角的姿势,尽量不动。每天早晨很虔诚地检查试纸,还好,都还有反应。等到第五天的时候,情况出现了,试纸毫无反应。爱人说会不会试纸出现了问题,于是我马上又换了一个试纸,依然如此。我心想:完了,被医生说中了!于是我也不在乎了,不再小心谨慎地活动了,反正已经如此。我心情糟透了,当时正在流行金喜善代言的一款红色手机,我想反正这次做不了妈妈了,也不用攒钱了,我要买这款手机。但还是非常难过,在医院候诊的时候我的眼泪吧嗒吧嗒地往下掉。终于轮到我了,医生看着我流泪的样子,态度生硬地说:"没结婚就怀孕了?"我说:"结了,想要孩子,但是可能孩子已经没了。"医生的态度马上缓和,安慰我先检查然后再说。我又哭哭啼啼地去做了B超,周围人看我的眼光都不正常,我管不了那么多了,因为我太伤心了。在做B超的时候我体会到了"人生悲喜"。那位检查的医生告诉我胎儿一切都好,胎心跳得很有力。我当时都蒙了!后来医生和我解释早孕试纸只对早孕有反应,现在我的孩子已经五十几天了,所以才测不出早孕了。

我当时的心情说不出来的好,也因为"失而复得",我特别珍惜这个孩子。

当时我们还不知道孩子的性别,我爸爸说如果是男孩就叫"铁锤",希望长得结实点。

在后来的日子里,我也会焦虑紧张。在心里非常依赖每一次的孕检,当知道孕检结果一切都好的时候又要担心是不是有检查不到疏漏的地方,弄得自己非常郁闷,好像得了产前抑郁症。

于是我每天在纸上默写唐诗,反正工作闲下来了,我就每天背上两首。上面的那张小图就是我在那个时候画下来的,是我心中想象的铁锤的模样。后来这张纸就随着那些唐诗放到了抽屉里,忘记了。去年我收拾东西看到了这张画,才想起来。我曾经发这张画给我的几个朋友,他们的第一句回复就是"这是铁锤吗"?

铁锤一两岁的样子和这张图片更像,额头、鼻子还有嘴巴,都有相似的地方。

想想生命真的很神奇,我想我的铁锤的样子,铁锤在我肚子里就依着我的意思生长。

我觉得所有的母子是有缘分的,很久很久以前他们一定相识。

第四节　胎教真有那么神奇吗

铁锤三年级的一天,他放学回家对我说下周一是学校的开放日,老师让我作为家长代表参加,还让他准备一首诗词上台表演。我说李白的《将进酒》可以吗?他说这个同学听过几遍了,没新意,还是换一首吧。我建议他朗诵那首《沁园春·雪》,因为这一首对他来说是陌生的,我找来书,让他读几遍。我家那本书太古老了,里面都是繁体字,我在几处他不认识的繁体字旁边对应地写上了简化字。过了十几分钟,他说:妈妈,我背下来了,你考我下。我有点不相信,他好像也就读了三四遍的样子,然后他站在客厅开始给我背这首词,只有在"稍逊风骚"那里需要我提示一下,其他的真的都背下来了。这样的情况已经是第二次了。长假有一天我看一首自己非常喜欢的词,让他和我一起读了几遍。第二天,这首词我只记得几个字,于是我就问他那首词的词牌是什么?他说"梅花引",作者是蒋捷。我感到好奇,我说你背给我听听。然后他就将前半部分一字不差地背了下来,后来的那一半只记得一两句。我问他是第一次和妈妈看这首吗?他说是。那次以后我对他有点刮目相看了。

铁锤现在上三年级,老师常常布置背诵课文的作业,可是他从没在家里背诵过一次课文,他说老师在讲课的时候他已经把课文背下来了。有几次睡觉前给他讲故事,有时候我会读错一两个字,他迷迷糊糊地会说:妈妈你读错了吧?我发现,他对文字的记忆力的确是很强。

我思考了一下为什么铁锤会对文字有这么好的记忆力?我的记忆力也不错,但是好像还没有他那么好。尤其是铁锤对于比较晦涩的古体诗,似乎掌握得更快。我忽然想起自己独特的孕期经历。我是典型的产前抑郁症,我也清楚这个状态对我和我的宝宝都很不利。尤其是为了让自己有一个更好的环境,知道怀孕之后我申请了一个单独的办公室,这间办公室里除了桌椅沙发几乎没有任何电器。但是因为只有我一个人,有时候就会担心:孩子会不会有问题?我在备孕的过程中有什么疏忽?

结果越想越害怕,慢慢地紧张、忧郁起来。那时候我在家里拿了一本《全唐诗精选》,如果自己觉得心情不好或者烦躁不安的时候,就拿出这本书来读,如果还是很难集中精力,我就拿出纸和笔默写我喜欢的句子。人一旦投入到一件事情中,就很难再被不良情绪困扰,在这个诗词的世界里,除了我自己,什么都没有。有时候高兴,我还会画一幅小画,自己创作自己欣赏。以往的工作特别忙,好像把自己的爱好和兴趣都放在工作之后,怀孕后突然闲下来,有大把的时间可以看自己喜欢的东西。那段时间里我读了很多诗词,也将很多美好句子记在了心底。我很感谢那些古人流传下来的诗词,那些文字让我的情绪稳定,心境美好,同时也打发了很多时间。但我没想到的是,这些诗词还给了铁锤一种阅读理解的能力。

铁锤小的时候,我哄他睡觉。因为我不会唱歌,也没有适合的歌谣读给他听,于是我轻轻地拍着他的小肩膀,一遍遍不停地给他读那些我喜欢的诗词。这些诗词有着美好的韵律,很适合读给小孩。这还有个笑话,记得有一次朋友来我家,说真行!能够连续说半个小时的古诗还不重样!的确,当妈妈的,不懂十八般武艺,怎么对得起孩子叫你那一声"妈"呢?

可能这些都给了铁锤对于诗词那种美好的感觉,让他在后来的学习中,即便接触到陌生的诗词,也会觉得亲近,亲近了,就能够迅速了解,也易于掌握了。他四岁的时候发表过一首童谣,记得当时我很吃惊,因为在他写的那首童谣里面他已经开始尝试着押韵了!

一直以来,我对于胎教都持怀疑的态度,总觉得那是隔着墙壁和人说话,不会有什么效果。现在明白,那时候我的兴趣爱好、一举一动都是对孩子的一种指引和向导,好像胎儿是一张白纸,我在上面给他勾画出轮廓,他出生后,可能会按照自己喜欢的风格来填充色彩。如果轮廓画错了,这幅画也很难美好吧!

我的胎教完全是"无心插柳"的行为，为了对抗自己怀孕的不良情绪和打发时间，竟然有了意外收获。现在回头看，在胎儿或者幼儿时期，只要你科学地用心，付出精力，一定会有所收获。

有时候你给了孩子一颗种子，孩子会回报给你一棵大树；
有时候你给了孩子一缕春风，孩子会回报给你一个春天。

准妈妈们，加油吧！

第五节　丁克家庭亏大了

每个人都会老去，会驼背，戴助听器，腿脚不灵便。我知道这是一个自然的过程，任谁都不可能逃避。

谁都会老去。

我在大四的那一年可以通宵地突击论文，第二天依然不晕不困。可是现在的我每年春天都要头晕那么几天，如果一夜晚睡，就要连着好几天脸都肿肿的。

原来我有白里透红的好脸色，无论怎样的表情，脸上都寻不到一丝皱纹。现在的我依然没有一丝皱纹，却很难找到那一抹青春的红。

一切都是公平的。我失去了那么多，却又在我的家里一一得到了补偿。

年轻、生命力，就好像是一种能量。

只要是能量，就要守恒。

我的脸上失去的光彩，变成铁锤脸上的蓬勃朝气。

我心灵流失的简单，变成了铁锤的单纯与童真。

我的记忆力日渐衰退，铁锤慢慢地出口成章。

我终将步履蹒跚，而我的铁锤会健步如飞。

我会老眼昏花，而我的铁锤将目光如炬。

我会失去甜美的声音,而我的铁锤会有浑厚有力的男中音。

我会变得很老很老,老得分不出性别。而我的铁锤会很性感,散发出成熟男人的气息。

我所有失去的一切一切,在铁锤的身上,都会得到补偿。

失去的,得到的,都发生在我的家中。

所以,我不懊恼,也不窃喜。

我们没有吃亏,也不曾占了便宜。

所以每当看着80后、90后在嘲笑我们70后的传统与保守时,我一点也不恼:看着吧,小屁孩们,我家的2000后将来会如何嘲笑你们这些老朽!

你可以和我比青春、比漂亮,你有胆和我家里的那个比吗?

我家有小宝宝,我老得都很有底气。
我的腰是粗了,脸是黄了,但是我有那么大的儿子呢!
于是我老得理直气壮,一点也不慌张。

唉,不过丁克家庭可是亏大了,只见能量的流逝,却不见新的能量补充进来。

想想,我好像还是赚了!

 ## 第六节　早教,你准备好了吗

德国幼儿早期教育家威特说:"对孩子的教育开始得多么早也不会过头。"

现在的家庭几乎都是一个小孩,大人的精力都在这一个宝宝身上,所以这个宝宝聪明与否、是否能够赢在起跑线上,似乎显得至关重要。

我们做妈妈的都知道儿童的智力和性格,从出生到三岁,就已经完

成了50%,而且这三年里具有天才般的吸收能力。我们做父母的都害怕这金子般的三年在我们手里荒废掉,所以市场牢牢抓住了我们妈妈的心理,各种各样的早教中心如雨后春笋般地涌现。

这些早教中心都出在繁华的地段,有年轻漂亮的老师,有干净舒适的课堂,有花样繁多的各种课程,当然往往也有着不菲的价格。

很多妈妈问我,小桥,孩子要不要上早教课?你家铁锤上了吗?

我家铁锤小时候没上过早教课,因为那时候还没有这么规范的早教中心。我只是领他定期地去做感统练习,那里有一些小朋友,现在想来,那就是今天的早教中心的前身了。

我觉得现在很多妈妈都存在着一个误区——认为早期教育就是单纯地上早教课。

其实早教课只不过是早期教育的一部分,如果你有钱有闲,这就是画龙点睛的一部分。

早教,不是把小学的知识早早地灌输给孩子。让孩子听外语、说外语,而不是让他早早地写。教孩子识字,只是让他早点阅读,然后可以独立地获取知识。早教让你的宝宝充满好奇,喜欢探索,有着良好的学习能力!而这些,会为他将来学校的学习打下良好的基础。

一个正规的早教中心是通过孩子活动——玩、摸、走来增长他们的一些能力,不是简单的知识传授。好的早教学校有循序渐进的教材,多样的教具,还有很多上课要遵守的纪律和行为规范,要与人相处,与人合作,早教学校也是一个小社会。幼儿园教育和早教也是不一样的。幼儿园是孩子独自上课,早教课却需要家长的陪伴和参与,是家长和孩子同时接受学习,通过很多亲子游戏增进两者的感情。多数家长工作都很忙,平时在家也未必能全心全意地和宝宝一起玩闹,但是在每周一个小时的早教课中你要放下所有的事情,全身心地关注自己的宝宝,和宝宝一起参与各种表演和游戏,你会以一个孩子的角度重新了解世界,了解自己的孩子。而且早教中心为你提供了一个了解同龄孩子的平台,让父母很容易看到自己宝宝的优势与不足。上过早教课的小孩因为很早就

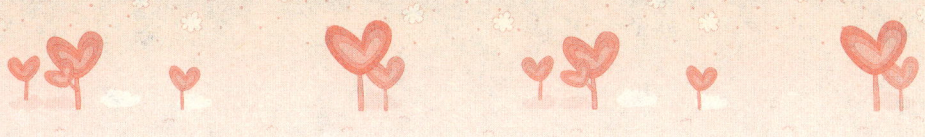

有和同龄孩子相处、交流的经历,所以他们上幼儿园也要顺利很多。

但是家长们也要明白,不是天价的早教中心就会给你教育出来一个"天才宝宝"。在人群中智力正常的要占90%,是绝大多数的比例。所以家长要始终有一颗平常的心,不攀比,也不要过高地要求孩子,或者,在你平静的目光中,孩子会给你一个惊艳的转身!

其实我一直在强调早教课不过是早期教育的一部分,也就是说,早教要延伸到家里。不是一周几节的早教课后,妈妈就可以放松,或者就不管孩子了。

有很多妈妈说"孩子最好的老师是妈妈",这句话说得很对!在一个人的成长过程中会遇到很多位老师,其中有好老师,也有业务水平一般的老师。如果说每个妈妈都是孩子的老师,但是如果妈妈不努力、不细心、不善于学习,那么这位妈妈就未必是一个好老师!

孩子上学后我们都期待他能够遇到一位好老师,如果不幸遇到了一个不负责任、业务不精湛的老师,我们就会绞尽脑汁地为他换班,甚至转学。可是我们从没想过,一个妈妈如果没有成长为一个好老师,是否还要给孩子换一个妈妈呢?

早期教育不要只依赖于早教中心,更重要的是靠孩子的爸爸妈妈。

在生孩子前我们都没做过父母,完全是新手,但是一两年下来,有的父母已经很熟练,有的却还是懵懂无知。因为后者没有努力地学习。

很多爸爸妈妈都知道卡尔·威特,他就没上过什么早教中心,但是这并不妨碍他成为一名天才。因为他有一个有耐心、有毅力,同时又涉猎广泛的爸爸。老卡尔知道溪水流淌的方向,懂得绘画的艺术,他晓得天文、地理、历史,在他薄弱的数学方面他还会虚心地请朋友代劳。这些专业的知识,很少有父母能做到。单是每日在家里陪孩子这一项,现在能有几个爸爸可以做得到?

如果我们父母在家里可以做得足够好,完全不用去上早教中心。但是如果你还有欠缺,或者你不知道这么大的孩子该从何入手,那么你就听从早教中心的指导吧!

早期教育是必不可少的,但早教课是你可以选择的。

为人父母,你想做孩子最好的老师,不是说说那么简单。你要有科学的育儿理念,你要懂得很多方面的知识,请问,你准备好了吗?

第七节　和孩子一起玩着长大

每个孩子的资质都差不多,先天愚钝的少,神童少之又少,所以在不同的生活环境里,每个孩子都会成长为属于自己的独特模样。

聪明孩子是花钱买来的吗?

在铁锤识字的过程中,我没有买过任何一种早教工具,但我用了耐心和毅力。我一直在观察我的小孩,以便找到最适合他的那一种方法,发现他的学习规律,寻找他对文字最感兴趣的那个阶段。

在竞争激烈的今天,每一个妈妈都想有一个聪明宝宝,哪一个也不想让自己孩子在起跑线上就悲惨地输掉比赛。所以商家牢牢抓住了妈妈们的心理,只要涉及早教、右脑开发还有识字之类的内容,很多妈妈就着了魔一样迫不及待地掏出钱来带回家去。钱多少不在乎,妈妈们在意的是不能错过孩子智力开发的最佳时期。在给孩子投资早教方面,妈妈们是"宁可错杀一万,也不放过一个"。那劲头,纵有千军万马也不能阻挡。

在孩子的成长过程中,经济的投入是必需的,因为孩子不是植物,不能只依赖阳光、空气、水分就自己长大。但是只投入金钱也是不行的。很多妈妈买了一大堆早教用品及工具,心里很满足,觉得为人父母自己很是对得起孩子,别人孩子有的自己的孩子也有了,甚至自己孩子有的更多,所以自己一点也不亏欠孩子,心里很是安慰。

谁都知道养孩子没有钱不行,但是只花钱、不花精力更加不行。我们不能把孩子的早教工作寄希望于市面上那些早教工具,也不能够一股脑儿地推给早教中心的老师。大家都做过学生,谁都知道在学习上的确有好方法,但绝对没有捷径,不论怎样,坚持不懈的努力都是最最重要的。

花钱买不来聪明孩子,只有父母肯舍出精力和时间并且还有足够的耐心,才能打造出一个比较优秀的小孩。

哪一种早教用具都不会像说的那样将你家的宝宝变成一个天才,天才有什么好,一个食人间烟火的可爱小孩不是更好吗?

没有一种学习方法是不需要花费工夫的。不论哪一种早教用品,都不可能有哆啦A梦那样的记忆面包,吃下去,就都记到了脑子里。一般情况下,吃下去的,都跑到了消化系统中。

和孩子一起玩着长大

一次铁锤学校的电视台要录制一个一分钟科学实验的视频,每个班级派一个代表参加。铁锤回来对我说班级里很多同学不清楚一分钟能做什么科学实验,我问他:难道你知道吗?他很得意地说,我当然知道了,因为我们经常在家里做试验呀!是呀,只要有空闲时间我和铁锤就会做一些简单的科学小实验,慢慢地做的试验多了,涉及的范围也越来越广泛。后来有些中学生才懂的物理化学现象,铁锤都能够用简单的语言给同学讲明白。同学都说铁锤懂科学,其实他哪里是懂科学,不过是因为那些试验我们在家里已经做过了,所以他接触起来并不觉得陌生。

铁锤是一个机灵调皮的小男孩,从他懂事起,就对身边很多科学现象发生了兴趣,不停地问身边人"为什么"?为什么海水远远看着是蓝

色的,而走过去捧起来,却发现是透明的呢?台灯使用了一会儿之后,用手碰一下,为什么会觉得热呢?为什么肥皂泡一碰就破,而浸过了肥皂液的手指却可以自由地穿梭于肥皂泡之间呢?这样的问题,每天他都会问很多,我发现他是一个善于观察、乐于思考的小孩,既然他有这方面的需求,那么作为家长,我就要给他相应的给养。我希望铁锤在自己的疑问得到满意答案的同时,还能够拓宽自己的视野和知识面,对科学产生更大的兴趣。这样一来,我开始根据铁锤日常生活中向我提出来的问题,有针对性地为他设计一些小实验。我是学理工科的,所以对于很多简单的科学小实验并不陌生,我有计划地和铁锤做这些实验,在保证趣味性的同时,还能够让他明白一些简单的科学知识。

我们曾经做过一个关于密度的实验。我们成年人都知道"密度"这个词,也知道它的具体意思。但是孩子不明白,对于他们来讲"密度"和"体积"这些词都有点过于抽象了。我们可以告诉他木板之所以会漂浮在水面上,是因为木头的密度比水要小,所以木板会浮在水面上,而不是沉入水底。而换上一块石头就会沉入水底,因为它的密度比水大。但这个并没有他们亲眼所见的直观,只有自己动手做过的实验,从中总结的道理,才会有深刻的印象。我们做的是一个纯净水和食盐水不能融合的实验。这个实验就是一个对于"密度"的诠释。食盐、纯净水在我们生活中都常常接触,就是这些简单、直观的东西却能让孩子知道什么是抽象的"密度"。我们准备了两个大小完全一样的透明玻璃杯,在其中一个杯子里面倒入满满的纯净水,然后再加入一点红色的水粉颜料。在另一个玻璃杯里面也倒入满满的纯净水,加入几勺食盐,用勺子搅拌几下,让食盐快速地溶解,然后再加入红色颜料变成一杯绿色的食盐水。我们想办法把这杯红色的纯净水倒放在绿色的食盐水上面。静静观察它们的变化,我们发现红色的纯净水依旧一动不动,没有和绿色的食盐水混合。这是因为食盐水的密度比纯净水的密度大,所以它们即便接触也不会融合在一起。如果我们把两个杯子倒换过来让食盐水放在纯净水上面,看看会发生什么情况呢?我们会看到绿色的食盐水迅速地融入到红

色的纯净水里面,变成一团褐色的液体。通过这个简单又直观的科学游戏,铁锤自己弄懂了抽象的"密度",在后来的日子里,他和我提过很多次关于密度的问题。他会问油漂浮在水面上,是因为油的密度比水小吗?他还问铁的密度比水大,一块铁迅速地可以沉入水底,那为什么铁做成的轮船却可以在大海中安全地航行而不沉没呢?

和我做完科学游戏之后,铁锤都会对身边此类的事物产生浓厚的兴趣,会问我各种各样的问题。有时候我会告诉他答案,有时候我让他自己去书里面寻找答案,还有时候,我们会用另外一个科学游戏来解释他的新问题。

这样我们做过的游戏越来越多,开始的时候,是我主动要求铁锤来和我做游戏,为了让他感兴趣,我会用身边常见的材料,并且用水粉让这些游戏材料看起来更美观漂亮。担心他会烦躁坚持不下去,尽量缩短游戏的时间,也让游戏的过程尽量精彩有趣味,这样小小的铁锤会觉得科学游戏不仅不枯燥,相反玩科学游戏是一件很有意思的事。我会在做游戏之前引导他,你知道电吗?电在哪里呢?在电线里面?电是什么样子?然后我会简单地用电线把两节1.5伏的电池和一个小灯泡串联起来,电路闭合,灯泡就亮了。电线断开,灯泡熄灭。我告诉他因为只有在电路闭合的时候电流才可以在电线中流淌,灯泡才会亮。如果电路是断开的,电流就无法通过了,所以灯泡熄灭。在灯泡亮过一会儿以后,我让他用手指去轻轻触摸一下小灯泡,他碰了一下说"好热",我告诉他这是因为电能中有一部分转化成了光能,灯泡亮了给我们带来光明,同时还有一部分电能被转化成了热能,所以亮过的灯泡我们摸起来会觉得有点烫手。

慢慢地,他逐渐养成了做科学游戏的习惯。常常会在写完作业后,主动来找我说:妈妈,我们做实验好不好?或者周末时候他会问我这周做什么实验。从铁锤在幼儿园大班我们做第一个科学游戏到现在,铁锤已经从被动地和我做科学游戏到自己主动做游戏让我观看了,他会自己找材料,计划游戏步骤,然后讲其中的道理给我听。

这些看似简单的科学游戏,让铁锤觉得妈妈不仅是一个能洗衣服、

做饭的普通女人，还是一个懂得很多科学的不同寻常的人，所以他对我的爱意中又有了几分敬佩。同时因为我们常常在一起做科学游戏，我们之间不是单一的母子关系，探讨的时候有点像朋友，合作的时候又像姐弟，成功的时候拥抱欢呼，失败的时候互相鼓励打气。有一次做水的张力游戏，一晚上都不成功，我特别懊恼，铁锤反过来安慰我说：妈妈，爱迪生实验六千次才发明了电灯，我们不过是失败了一个晚上，真的没什么！那个时候我觉得铁锤是一个成熟、懂事、善于思考的大孩子，可以依靠，可以信赖。

在这几年的科学游戏过程中，铁锤从一个对科学完全不懂的小男孩变成了一个爱思考、爱动手的孩子，这些经历不仅让他丰富了自己的知识和见识，同时这些经历也给了他很大的自信，让他在同龄孩子中出类拔萃。他的老师对我说铁锤怎么知道得那么多呢？像个小科学家。我们反反复复地做游戏给了他观察、思考和归纳总结的机会，动手做游戏，观察游戏里的变化，对我描述整个游戏的过程，然后用笔写出来，这些对他的逻辑能力和写作能力都是一个很好锻炼的机会。去年底，铁锤被破格录用为当地晚报的"小记者"，报社的老师说通过考试，发现孩子观察仔细、思维缜密，并且表达流畅，我知道这些和他平时的游戏积累是分不开的。

我爱这些简单的科学游戏，它让我和铁锤有着良好又亲密的亲子关系，同时还给了我一个爱思考、爱动手、有担当又不怕困难的执著小孩。

第八节　孩子是个随机的生命

他
有多少个转折
要给你
多少次伤心和欢喜
都是随机的

——《随机的生活》

　　优秀的父母就一定会生出优秀的孩子吗？平庸的父母的孩子就注定平庸吗？

　　你有想过他（她）会像你的哪一部分吗？你还想过他（她）可能和你完全不一样吗？

　　好多妈妈落寞地对我说，铁锤很小就能够阅读，是因为我和爱人都受过高等教育，生的孩子当然聪明了！而她们没有受过高等教育，所以她们的小孩必然没有铁锤聪明！我们中国那句"龙生龙，凤生凤，老鼠的儿子会打洞"的俗语，多少年这样流传下来，我也曾经一样坚信不移。可是随着铁锤一天天长大，慢慢地，性格逐渐地成型，我却对那句经典的话产生了怀疑。

　　我和爱人都是理工科的毕业生，我学的电子工程，他学的物理专业。依照那句话，我们的铁锤应该是逻辑清晰、思维缜密的小孩。可是偏偏他却非常感性，像两个文科毕业生的宝宝。我不满六周岁读小学，那时候我已经能够列竖式，并且进行一百以内加减法的口算了。可是铁锤像我那么大的时候可做不到这样。有时候我心里疑惑：不是说一代更比一代强吗？我的孩子怎么还不如我小时候呢？但是妈妈这样告诉我："你像铁锤这么大的时候可认不了这么多的字，也看不了他这么多的书。我看，这个孩子比你强！"

　　我想，我们的孩子可能有些地方还比不上小时候的我们，但也一定有很多的地方比当年的我们强。

　　我认识一位大学教授，年近七十，依旧在带博士生。讲起话来，滔滔不绝、思如泉涌。他的夫人是他大学时代的同学，那么他们的结合算得上是强强联合了。我们自然地会这样想，他们的小孩因为得到了很好的遗传，又有良好的学习氛围，都应该子承父业、学有所成了。可令我们大跌眼镜的是，他的三个小孩都没有考上大学！但是他们都在各自的领域内如鱼得水，有的孩子从事营销，还有一个孩子成为了小有名气的服装

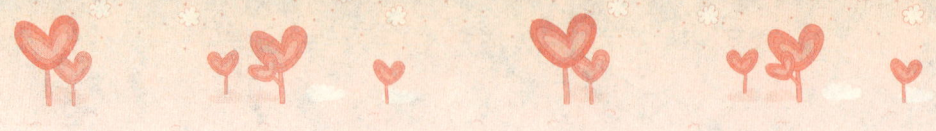

设计师！虽然他们没有像自己的父母一样从事某种专业领域的研究工作，却也一样有着成功的人生。

在生活中，我们常常看到父亲潇洒、母亲漂亮的小孩不知为何，竟然生了一副平凡的面孔！而那些长相普通的父母，却神奇地有着一个天使般面孔的宝贝！

我们知道，从生命的产生到诞生是神奇而又微妙的，其过程也非常漫长。那么，在如此漫长的过程中，一丁儿点风吹草动都可能影响到我们的孩子。而且生命本来奇妙，其奇妙的本身就有无数的不可预知。同时也正因为这神奇的不可预知，这个小孩才让我们如此望眼欲穿、迫不及待地与他相见。因为我们不知道他是文静还是调皮，甚至不知道他是男还是女。

设想一下，如果我们生下一个小孩，男孩是父亲的翻版，女孩是妈妈的复制，那么，我们看到自己的今天就能够知道孩子的明天，生活该会失去多少期待的乐趣？同时，孩子自己不用长大就已经知道终将成为今天的我们，自然也会失去很多探索的欲望，不再期待长大。

正因为孩子不是父母简单的复制与翻版，所以孩子的明天才让我们每每想起来，都会感觉心潮澎湃！他们成长过程中给我们带来的每一点点惊喜，无一不让我们怦然心动！因为所有一切，都不在我们的意料之中。

他们在襁褓的时候有一点像爸爸，两岁的时候笑起来像妈妈，等到十岁的时候，好像谁都不像了。十八岁的时候，看起来又像爸爸又像妈妈！孩子的成长，神奇得像变魔术一样！

我们生一个小孩，好像我们得到了一粒奇怪的种子。这粒种子不会因为养育它的我们是农夫就注定要长成狗尾草，也不会因为我们是人杰它就必定长成国色天香的名贵牡丹。

不论得到什么样的种子，只要我们精心地为它浇水、施肥、捉虫，给它全部的爱，它即便长不成参天大树，也一定能够长成栋梁之才。

正因为孩子不是父母简单的复制与翻版，所以人类的历史才不会重复，我们的社会才可以迎来一个又一个崭新的时代。

佛说，留人间多少爱，迎浮世千重变。

生一个孩子，也如此。

好好地养，好好地带。

只要我们科学地喂养，我们就有信心，让这个随机的生命，创造出更多的奇迹！

因为生命随机，孩子的明天我们不能预知，所以明天才格外让我们期待。

因为生命随机，每个人都有机会，父母这个职业才做得格外有意义。

早一天，就可以

没有孩子的时候，觉得自己很好，学业、工作虽然不是多么好，也算是中上。于是常常想，自己的脑袋不笨，就是哪一天做了妈妈也应该是中上水平的吧。

可生完孩子后，发现你养育一个孩子的能力和你的学历、职称毫无关系，不论你读过多少书，在这方面，你完全是一个新手。孩子身上发生的，全是那些育儿书上没有提到的问题。于是，面对忽然杂乱的生活，束手无策的你会放声大哭。

可是，哭，只能缓解情绪，并不能解决问题。

哭过之后，我们要向老人、月嫂一点点虚心地学习，给孩子换尿布，冲奶粉，做辅食，此时你才知道那双能写会画的手竟然那么笨拙！慢慢地，你会发现：在你换尿布的时候，那个胖乎乎的宝宝被你摆弄得服服帖帖；你做的手擀面，他也吃得一塌糊涂；五音不全的你也敢大声给他唱歌了；为了逗他笑，你拿着大红的尿布当水袖为他舞蹈。

我们看着他一点点地成长，看到了希望。其实，我们自己也在一天天地成长，我们也是自己的希望。

我们爱那个一天天变化的宝宝,也爱上了一天天变化的自己。

可能很多知识我们不懂,但是只要比孩子早学习一天,就可以做他的老师。

他忽然喜欢上了天空云彩,你就马上去查找气象方面的资料,等到他再和你说天空云彩的时候,你就告诉他这样的云彩叫什么名字,在什么季节什么天气下会出现。这时你会看到,孩子看你的眼神不同了,他发现自己的妈妈真是不一般呢,连天上的事情都知道。他可能又喜欢上了画画,那你就先找一本简笔画练习,等到他会画简笔画的时候,你就要开始水粉的创作了。很多东西,要精湛可能很难,但是入门绝对不难,就看你有没有信心和决心了。当我很专业地给铁锤拿出那些画画的材料,并且一个一个地叫出名字,告诉他哪些有特殊的用途,他很崇拜地看着我。我想他可能一直以为他的妈妈是个画家,其实就是要武装好自己,这样才镇得住他。而且,我在铁锤要读一本新书前几乎都要先读上一遍,这样才可以和他讨论,与他分享。

一件新的事物,只要你掌握得比孩子早上一天,就不会被他问得哑口无言,不会尴尬得无地自容。

孩子将来可能会崇拜很多人,最开始的偶像应该是他的父母。但是,我们得有让他们崇拜的理由。

一个三十多岁的女人,为了孩子还在努力学习的妈妈,不值得孩子崇拜吗?

第九节　在教育上该给孩子多少

现在每家几乎都是一个小孩,怎么教育,成了父母们常常要思考的问题。

这是我在《青年文摘》上看到的一个故事。

郭桂莲是一个普通的农妇,却是一位伟大的母亲。

她的儿子1987年出生,三岁后双腿常常骨折,到了六岁时双腿就已经不能行走了。去过十几家医院,当最后一家医院也表示无能为力时,她改变了主意。儿子的病在不断地恶化,她问儿子最想做的事情是什么?儿子已经不愿再忍受病痛,对妈妈说什么也不想了。她问儿子能读书写字吗?儿子点点头。她就帮儿子把落下的功课补上,终于孩子以优异的成绩考入了中学,又如愿以偿考入了洛阳理工学院。在治病期间,这对母子欠下了十几万元的外债。在上大学前,儿子问妈妈,如果自己活不到大学毕业,那么妈妈欠下的这十几万元钱该如何偿还呢?她笑了:"傻瓜,你撑到最好就是了,妈能背你上13年学,还怕还不了钱,妈就是要让你的人生登到最高点,不管这人生有多长多短!"

在生活上只吃每天从家里带来的白菜萝卜和面粉,儿子为了减少在校上厕所的次数,每天在学校只吃一个馒头,不喝水。面对四面八方的援助,他们从不接受,她说只要她能够背动儿子,就不必了。

入学当年,他就成为"中国大学生自强之星",并获得最高奖学金。在大学期间,他离开了妈妈的背,学会了自理。2009年夏天,他已经能够自己走进教室了!在毕业前,他是第一个收到校外大公司高薪聘用的大学生!

郭桂莲说:"儿子是我生的,儿子命里欠缺多少我就有责任补偿多少,是地狱我就填满地狱,是大山我就背儿子上山顶,这世上只要有别人能去的天堂,我儿子就一定能去。"读到这段话时,我非常感动。我觉得,只有这样的女人才配做一位母亲。

常常听到周围的人说自己的孩子很糟糕、又笨又不努力的话。她的孩子为什么糟糕呢?为什么又笨又不听话呢?

她的孩子是谁生的?遗传了谁的基因?又生活在谁提供的成长环境里?

答案是:爸爸和妈妈。

从先天和后天的角度来说,这个孩子所有的问题与欠缺,爸爸和妈妈都逃不脱干系。

孩子起初没有问题,他一生下来连话都不会说,路都不会走,怎么会有那么多的坏毛病?他的眼睛干净、耳朵干净,因为不曾看过也不曾听过。慢慢地,他看得多了,听得多了,形成了习惯,是好的或者坏的。

如果他天生顽劣,那是你的遗传不好;如果他后天变得顽劣,那是你把他给"教"坏了。

一切,都怨不得别人。

如果孩子天生很好,我们要让他更好。如果他有欠缺,我们要像郭桂莲那样"是地狱我就填满地狱,是大山我就背儿子上山顶"。遇到问题的时候,兵来将挡,水来土掩。也要有"这世上只要有别人能去的天堂,我儿子就一定能去"的决心和坚持。

孩子没有任何问题和过错。如果有错,错也在我们。

不是你十月怀胎把他生下来,给他一日三餐你就配做他的母亲。你要为他负责、为他规划,要有"他命里欠缺多少就为他补偿多少"的勇气与担当!

孩子可以每天不吃山珍海味,也不用穿得像儿童模特,但在教育上,一定不要省钱。有就给他最好的,没有也要想办法给他。不计较得失,让孩子在充裕的爱与关注中没有负担地成长。

郭桂莲是我学习的榜样,在她身上有母亲的勇敢与坚持。一朝一夕容易,难的是十几年如一日。

她说的那段话我已经背了下来,时刻用来提醒我自己该如何做一位母亲。

外国人的家教方式

一次在报纸上看到日本的"吃苦教育":日本的学生无论在冬天还是在夏天都是男生穿短裤,女生穿短裙。这就是日本人有意对孩子进行的抗寒训练。让孩子抗冻,在对抗寒冷的过程中培养忍耐力和意志力。更让人惊叹的是,每逢一年中的第一场雪,日本父母还会带孩子到户外进行冷水浴。他们说正是日本这种看似残忍的教育方法让这个民族拥有

了强大的意志力,无论做什么都拼全力,面对困难的时候更是有着惊人的毅力。

现在很多教育专家在谈起教育的时候都要说日本、韩国的家长怎样怎样,欧美的家长如何如何,我们现在的家庭教育有太多的弊端。他们说得头头是道,让那些初为父母的人们颇为信服。

我个人认为每一个国家都有他自己的特点,每一个家庭也都与其他家庭不同。就好像我们得到了一套新房子,想装修。我们看别人家的装修很好,于是完全照搬过来,结果显得不伦不类,非但不适合我们的气质,也不适合我们家的户型。

家庭教育,和装修房子也类似。

日本小孩的抗寒教育,未必适合我们国家的小孩。我们国家信奉中医,中医讲究人的生活应该顺应节气,例如"春捂秋冻"。是讲春天万物萌发,适合"藏",所以厚的衣服应该多穿一段时间再换掉。秋天的时候也不要急着把厚衣服穿上。

一个小孩的成长首先要身心健康,冬天穿短裤,雪天洗冷水浴不过是一种夸张的形式,锻炼孩子的毅力有很多种方式。例如写书法、练武术、练舞蹈,都可以锻炼孩子的毅力,而不必拘泥于冬天穿短裤、洗冷水澡。

我看过一篇文章,讲述一位爸爸带着孩子去德国学习。因为学业很忙,这位爸爸拜托自己的德国邻居照看孩子,孩子和这位邻居相处得很好。可是过了些时间,这位爸爸却被德国邻居告上了法庭,原因是他每天陪孩子的时间太短。法院的判决是每天让这位爸爸至少抽出三个小时来陪自己的小孩。

我们家长每天的工作很辛苦,回到家里总想好好休息一会儿。孩子过来问这问那,我们总觉得烦躁,我们一天的辛苦工作就是为了给他一个舒适的环境,孩子还不理解。可是孩子也觉得委屈,一天就这么短暂的时间里可以看到爸爸妈妈,有好多的话想说。

我们即便再累、再辛苦,也要找出时间来听听孩子的话。你今天不听,明天不听,等到后天你想听了,孩子却不愿意和你说了。

别的国家的家教方法并不完全适用于我们的家庭,我们只要睁大眼睛,将那些好的东西拿过来,没必要全盘照搬。

好像前些年特别流行的欧版鞋,那是为了欧洲人的脚型设计的,又长又扁。

我们把脚放进去,鞋子前面余出来一大截,不仅不美观,走起路来还痛苦不堪。

仔细观察我们的小孩,为他量身打造一套适合于他的方法。

第十节 我的孩子是最好的

其实,在每个孩子的成长过程中,都曾经有过那么"灵光一现",可是,好多妈妈都没有看到。

在铁锤的口才课上,有一个小男孩引起了我的注意。那天老师在讲一组关于春天的诗。其中有一个情节是在春天里,一只蝴蝶引起了小孩的注意,小孩伸出手把蝴蝶捉住了,后来又放掉的过程。随着老师的讲述,小朋友们都积极地跟随着老师的思路,其中一个小孩的语言尤为突出。他说小孩子捉住了蝴蝶,因为蝴蝶是属于大自然的,最后又悲哀地把蝴蝶放掉了。这一班都是一、二年级的小学生,他能够想象到蝴蝶是属于自然的,然后又用"悲哀"一词来描述孩子的那种不舍和无奈的心情。这个小孩,真让人刮目相看!然后,孩子得意地回过头看他的妈妈,而他的妈妈,却没有一点的欣喜与兴奋,孩子很扫兴地又转过脸去。

真的是一个让人扫兴的妈妈!

可能这个小孩平时的语言很普通,这次在课堂上的表现是"偶尔为之";也可能他每天都如此,他的妈妈见怪不怪了!但是在一个有心的妈妈那里,完全可以根据孩子的这段话,引导孩子写下一首小诗。一两句精彩的话可能谁都会说,但是一个一年级的小孩,能够写下一首诗,还是不简单的!这

样,这个小孩会更注意自己在语言文字方面的学习,进而形成一个良性的循环。时间久了,他或者真的可以在语言文字方面有所作为。

其实,在每个孩子的成长过程中,都曾经有过那么"灵光一现",可是,好多妈妈都没有看到。

我总看着我的铁锤好。不是我的铁锤真的哪一方面都好,而是我能够常去看他那些好的方面,鼓励他,让他在这些方面做得更好,在人前非常自信。同时,利用他的自信,让他努力去弥补自己的不足。这是一个良性循环。

铁锤的文字能力很强,但是音乐、运动方面普通。我常常看到像他这么大的孩子熟练地弹奏钢琴,那双小手灵活地在键盘上跳舞。我还看到那个学京剧的小孩连着翻好几个跟头。可是我没有回到家也要求铁锤像人家一样,我知道每个孩子都有不同。我鼓励他虽然你不能像那个孩子一样弹钢琴、翻跟头,但是你可以读那么多的书,懂那么多道理,有一个你这样的小孩,妈妈已经很满足了。然后,我会鼓励信心满满的铁锤去进军一个他完全不熟悉的领域。冬天,我们买了一根跳绳。他怎么也跳不好。试了十几分钟,他倦了、烦了,给自己找了个理由不练了。我对他说,一个可以读书读得那么好的小孩,怎么会跳不好绳呢?他低头不语,意思是真的玩不好。我告诉他,跳绳要掌握好两个要素,一个是绳子握在手里要抡得足够快,另一个是双脚要跳得足够高。他按照我说的,试了一下,果然很好。一连试跳了十几次,只有两次只过了一只脚。我表扬他真棒,只有两次没成功。他很得意地说,不对,只有一次没成功!因为有两次只跳过了一只脚,那么这失败的两次加起来就算是成功了一次!

因为有信心,才有挑战的勇气;有了勇气,才可能成功。
在铁锤成长的道路上,我能做的或许很少,但是我会做一双在铁锤背后努力欣赏他的眼睛。

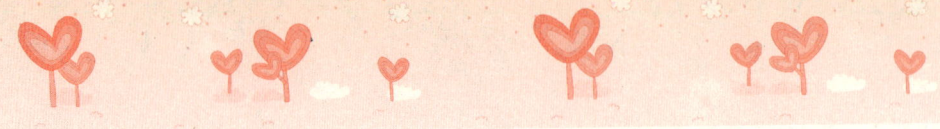

第二章
识字是件很简单的事

两岁的孩子能够认识一千个汉字吗？可以独立地阅读吗？回答是可以的。并且每一个孩子都可以，前提是只要你肯坚持。

第一节　先飞的火烈鸟

在我教铁锤识字的时候，很多次听到这样的声音，那么小的孩子教这么多东西，脑子会累坏的！这些话我都没有理会，我觉得只有很少用的脑子才会坏掉，而经常使用的脑袋是会越来越灵活的。类似机床上运转的机器，工人们合理使用，它会工作得很好。如果工人们把它闲置在那里，久而久之，反倒要生锈坏掉了。其实，人的脑袋和机器是一样的。

我们在动物园里都看到过火烈鸟，它们总是成百上千的聚集成群。每到需要迁徙的时候，总有少数火烈鸟率先飞离湖面，拉开迁徙的序幕。然而，其他的火烈鸟好像并没有注意到，于是这一小群火烈鸟又飞回到湖面上。可是第二天，这少数的先行者会继续进行尝试。这一次，更多的火烈鸟和它们一道起飞，然而绝大多数的火烈鸟依然毫不在意。所以，这些先驱又飞了回来。这样的尝试要持续好多天。每次都有更多的火烈鸟加入飞行的大军，可终因大多数的火烈鸟依然没有注意到，大迁徙的计划一再搁浅。但有一天，情况终于改变了。和从前一样，那些少

数的火烈鸟再次扇动翅膀,有一小部分火烈鸟加入它们的行列。这一次飞起来的火烈鸟还是少数,但它们的行动已经足以起到决定性的作用。整群的火烈鸟都飞了起来,大迁徙开始了。

这个火烈鸟迁徙的故事告诉我们,如果我们心中相信一个事物,可能它还不被大多数人所接受。那么我们也不要放弃,只要坚持,总有一天,会被人关注,最终被人接受!

在孩子教育的过程中,总有一些父母去做先飞起来的那些火烈鸟。千万不要因为大家都在观望,你就收起了张开的翅膀。

一岁的孩子可以识字吗?

和所有的妈妈一样,孕期我买了几本婴幼儿方面的书籍,闲着的时候翻看一下。对于孩子的智慧,我从未怀疑过。我不笨,他爸也不笨,所以,他自然不会笨,也不应该笨。但铁锤很小的时候,他所表现出来的那种"愚钝",让我措手不及。在他两个月的时候,才能够达到书上说的满月时的水平。面对这个有点木讷的婴儿,我忽然发现,我遇到了一个大难题。我本不是个喜欢孩子的人,但是,这个孩子,我要负责。

一天在书店,无意中我发现了这本书——《卡尔·威特的教育》。内容很吸引人,像是一个教育上的神话,相信所有的妈妈都会感兴趣。我读到那位五十多岁的老父亲把一个孱弱的早产儿,一步一步地培养成一个有作为的人。我用笔把那些关键的句子画下来。等我把这本书读完后,忽然觉得自己很有信心。我告诉自己,不用担心,完全没有问题。铁锤就是这样的小孩,只要我每天做一点点,他就会学习一点点。慢慢累积,将会是很大的一部分。后来我惊奇地发现,铁锤不是愚钝,而是很沉着,不张扬而已。其实,心里很有数的。对于书上的方法,我没有完全照搬,因为每个孩子都不一样。由于当时的局限性,作者有较强的阶级观念,这也影响了他的教育方法。还有,作者认为多吃土豆,孩子的数学会好,我个人觉得要营养均衡,身体才会好,脑袋才能聪明。

这些细节都不是重要的,最重要的是这本书传递给我一个信息:不放弃,就是最好的努力。它让我在黑暗中忽见光明,在混沌中茅塞顿开。如今书里的很多内容我都已经忘记了,但是那位老父亲的信念始终鼓励着我不断前行。

我一直都这样想,父母的人生是要加上儿女的人生才算完整。所以,不论上天给我们什么样的儿女,我们都接受,都不要放弃。因为,不放弃,就是最好的努力。

两岁的孩子能够认识一千个汉字吗?可以独立地阅读吗?回答是,可以的。并且每一个孩子都可以,前提是只要你肯坚持。

好多妈妈都曾经问过我是如何教铁锤识字的,她们觉得一个两岁的孩子能够独立地读书是一件很不可思议的事情。但是铁锤真的是从一岁开始识字,两岁便开始独立地阅读了。在铁锤四岁的时候,他对于一篇陌生文章阅读的流利程度,就已经和三年级的小学生相仿了。

我要和大家说明的是,汉字是阅读的工具,仅此而已。识字多少并不能说明孩子聪明与否,所以妈妈们不要刻意地追求识字量。

法国著名的教育家爱尔维修说过:"即使是普通的孩子,只要教育得法,也会成为不平凡的人。"只要我们掌握了好的方法,然后锲而不舍地坚持下去,我们的孩子不是神童也一定会是一个非常聪明的宝宝。

现在市面上有很多关于幼儿识字的书籍和软件,教给家长让4~6岁的孩子能够掌握3000个汉字的方法。这些书籍和软件我都没有买过,但是我用我自己的方法,让我的铁锤更早地掌握了汉字,学会了独立阅读。可以说,在铁锤识字的过程中几乎没投入过多少费用,我投入的是大量的精力和耐心。

第二节　该用什么样的顺序让孩子识字

很多妈妈想在家里教孩子识字,但是她们不知道如何教,该从哪里入手。是不是要像我们在小学的时候学语文的顺序一样,先把拼音的声母、韵母都学完,然后从笔画简单的"上中下""人口手"开始学起呢?

学识字要先学拼音吗?

在教铁锤识字之前,我犹豫了很久,是不是要先教他学习拼音呢?我们在小学学习语文的时候,都是先学的拼音,拼音全部掌握以后才逐渐地学习汉字。我是不是也要先教铁锤拼音呢?考虑了很长时间以后,我还是决定不让铁锤学习拼音,而是直接学习汉字。因为学习拼音的目的是为了认识汉字,如果我们可以认识汉字并且读准它的发音,那么我们完全没必要学习拼音了。而且在我看来教孩子学习拼音是一项艰难的工作,那就把这项艰难的工作,留给经验丰富的幼儿教师来做好了!

还有很重要的一点,我要提醒妈妈们,汉字是阅读的工具,仅此而已。识字多少并不能说明孩子聪明与否,因此妈妈们不要盲目地追求识字量。

学习阿拉伯数字

我们都知道世界上绝没有免费的午餐,更不会有天上掉馅饼的好事。想要有一个让大家都说棒的孩子,妈妈就要在背后付出比别人多的努力。

先说在铁锤几个月的时候,我准备了一些巴掌大小的彩色卡片,上面的内容有橡皮鸭子、饼干、鞋子、蝴蝶、草莓、花朵等色彩鲜艳的画面。你们可能会问我:为什么会先选择图片而不是先识字呢?因为卡片上的内容、形状各异,而且颜色对比度强,给孩子的视觉神经一个很大的冲

击。然后我把这些卡片的四边都用宽的透明胶带固定在铁锤视线能够到达的地方,例如床头、小饭桌上。之所以要四边都用胶带固定,是因为小孩子会用手去抓卡片,时间久了,卡片总会被他弄破的。然后我会指着蝴蝶的图片大声地对他说:"蝴蝶",同时做出飞的样子。时间久了,如果我说"蝴蝶",铁锤就会迅速地爬到"蝴蝶"卡片的旁边,并张开手臂。其实对于铁锤来说,最初的认识卡片是简单的条件反射,但是练习的次数多了,他对图形的认识就会更快而准确。等到他能够熟练认识卡片后,我就用挂历上的大的数字替换了以前的卡片,让铁锤接触了阿拉伯数字0、1、2……9。由于有了以往认识卡片的基础,他认起数字还是很轻松的。记得是一周岁多一点,铁锤开始发一些简单的音节。这时他已经能够蹒跚着走到"8"的地方,说"8、8",那个时候我的心情就像心中盛开了一朵花一样美好。

到铁锤十六个月时,他已经熟练地掌握十个阿拉伯数字。我发现铁锤掌握阿拉伯数字的速度很快,所以我大胆地想:是不是可以教他汉字了呢?

那些象形文字

孔子说:"知之者不如好之者,好之者不如乐之者。"意思是说,懂得它的人,不如爱好它的人;爱好它的人,又不如以它为乐的人。孔子这句话为我们揭示了一个怎样才能取得好的学习效果的秘密,那就是对学习的热爱。不同的人在同样的学习环境下学习效果不一样,自身的素质固然是一个方面,更加重要的还在于学习者对学习内容的态度或感觉。正所谓"兴趣是最好的老师",当你对一门科目产生了兴趣之后,自然会学得比别人好。

所以,我们想让孩子识字,首先要把汉字的神奇和趣味展示给他看。我们看那个"雨"字,最开始的时候人们用画了一片乌云和几滴雨滴的画来表示,慢慢地把这下面的雨滴变成了四滴,乌云变成了一条横线,又刮来了几阵风,变成了现在的"雨"字。每一个汉字都有一个独特的演

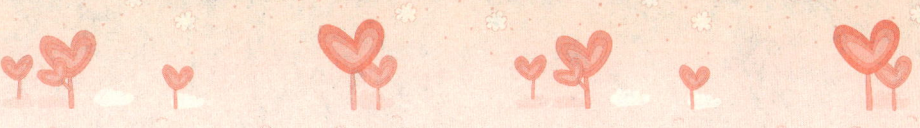

变过程,都是一幅趣味的图画。当你把这个过程描述给孩子以后,我相信小孩一定会在内心里发现原来学习汉字是这么容易的一件事情!从而会爱上学习汉字。

铁锤对文字和韵律有着天生的亲近感觉,这种亲近感也让他在后来识字的路上异常顺利。

在教铁锤汉字的过程中,我一次次地为我们祖先发明的汉字感慨:好多字很相像,却又多多少少有一些不同。因为汉字是图画,所以出现在铁锤眼里的文字就是一张张图片。这是为什么一开始我就给铁锤看的是文字,而不是看图说话类卡片的原因。不过应该从哪些文字开始教,是让我费了很多脑筋的。想来想去我还是决定,先从笔画简单的文字学起,例如"上、中、下"。然后再学他身边常见的物品的名称,例如"桌、椅、床"。过上一段时间再学一些形容词,"红、快乐、生气"等等。先学单字,再学复合的。

确定了学习计划,接着我们开始了快乐的识字之旅。

第三节 随时随地都可以识字

我在教铁锤识字的时候抛弃了一纸一笔的传统方法,只要我们喜欢,广阔天地到处都可以是我们的课堂。

随时随地都可以学习

记得当时是6月天气,空气是暖暖的了。我随身带着粉笔,带着走路还不太稳的铁锤,走到哪里写到哪里。从"上、中、下、人、口、手"开始,反反复复。如果是雨后,粉笔也不必带了,随处捡一根小木棍,在湿湿的泥土上写字,别有一番感觉。我在地上写"树",然后拉着铁锤的手到粗糙的树皮上摸一摸。写"花",就让他看看花坛里的花朵。但是识字的时间,我每天都是严格控制在15分钟左右。因为时间久了,小孩会

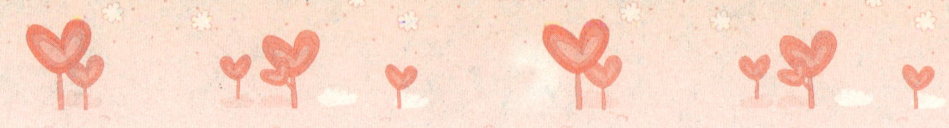

很疲倦,继而会失去兴趣,没有了兴趣就没有学习的欲望了。

我自己用色彩艳丽的油画棒写了好多小卡片,"门"的卡片贴在门上,"抽屉"的卡片贴在抽屉上,以此类推。这样经过了一个夏天,铁锤就掌握了200个左右的汉字。而且他还可以触类旁通地把一个字改成另外一个相像的字。假如我在地上写一个"大"字,他就会拿起小棍在下面加上一个点,变成"太"字。或者在上面加上一横,变成"天"字。我当时每天把他真正掌握了的汉字记在一个黑皮笔记本上,每天几个,从不间断。现在翻起来看,好像是我成长的历程一样。

有一段时间我和铁锤住在姥姥家,我们把那些认识的字用油画棒一一写在墙上,这样铁锤坐在床上就可以读出来。我把他读得不流利的记下来,第二天再单独辅导他。只有这样反复才知道他是不是真的学会了。

记得有一次,铁锤的姥爷倚在墙上靠了一下,白色的衬衫后面就印上了花花绿绿的油彩。后来老人笑说:"衣服脏了不要紧,我大孙子学知识才是要紧的!"

我还曾经利用过电脑来检验铁锤的学习情况。我用Office里面的Powerpoint软件,做了很多个汉字的幻灯片。黑色的底色,绿色的字。每隔两秒钟更换一个字,铁锤需要快速地说出汉字的读音,不然这个汉字就被换掉了。

可以这样说,在教铁锤识字的路上,我没有一天停歇过。因为只有我肯坚持,铁锤才愿意坚持。

在铁锤两周岁的时候,曾经被哈尔滨市电视台的两个节目采访过。小小的他,一点也不惧怕。在镜头前的铁锤顽皮、机灵、可爱。那时候的他小小的,好奇地盯着叔叔的摄像机镜头看,还问为什么和我家的摄像机不一样。

很多妈妈说每天她们固定时间和地点,像小学生上课那样很规律地教宝宝识字,可是宝宝总是不配合。我们要知道你给宝宝固定的那个时间未必是他兴趣最浓厚的时间段,可能那段时间里他饿了,或者他就是

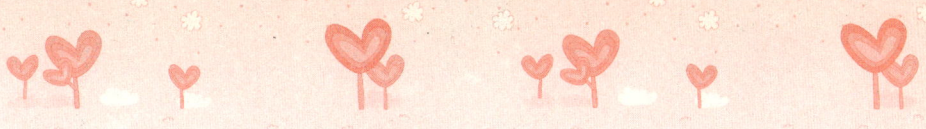

只想玩玩具。所以,你让他来识字,他当然是不肯的。我们要仔细观察,留意宝宝的最佳状态,然后再辅以科学的识字方法,一定能够起到事半功倍的效果。小孩子识字不必拘泥于某种形式,只要他这个时候有兴趣,那此时就是最好的时间段。

孩子为什么撕书?

有很多妈妈会因为孩子撕书而头疼,甚至有的妈妈因为孩子撕书而不想给他看书了。妈妈们告诉我那么好的书都被孩子撕掉了,太可惜。她们认为孩子是生性顽劣,不喜欢学习、读书,所以用撕书的方式来抗拒读书。慢慢地,妈妈们不愿意给孩子买书了,也不愿意给孩子看书了。她们说等孩子能够自律到不撕书的时候,再买书给他看。可是等到孩子四五岁的时候,能够听懂大人的话不再撕书了,妈妈们开心地买了好多书来给他看,然而又悲哀地发现,孩子在内心里很抗拒看书,他宁可浪费时间做其他无趣的事情,也不愿意把时间用在读书上面。这样的小孩长大了,从不愿意亲近书,到不喜欢学习,等到孩子入学后,是会越来越让妈妈们头疼的。

难道,我们就拿着好好的书拱手送给孩子们撕掉吗?

不是这样的。很多妈妈不了解,孩子撕书不是顽劣的表现,相反,是他对书产生了极大的兴趣。我仔细观察过铁锤,我发现他并不是真的想把书撕坏,而是控制不好自己手指的力度,才把书的边缘弄出了一些小破口。还有的时候,他会发现我们的注意力不在他的身上,他受到了冷落。然后他想以把书弄皱来吸引我们的注意力。这些都是正常的表现,是可以理解的。因为孩子还小,他们手指的小肌肉群还不发达,而且他们对于书的装订方式同样很感兴趣,想把书打开来看个究竟。孩子小的时候看到好奇的东西,常常会想放到嘴巴里尝一尝,都是一样的道理。但是我们不能让书就这样没有价值地坏下去,对于这些书上的小破口,我会和铁锤集中找一个时间,例如周末,我们把书上的破口分别用宽的透明胶带粘好,并且告诉他以后要注意,因为这些书好像我们的身体一样，破口了也会疼的。

孩子撕书也可能是一种情绪的宣泄，或是模仿大人的动作。有时候，给他的书不适合他的年龄，或者不对他的口味，他也会想个有趣的法子来变通——撕，如果父母这时反应太激烈，说不定还会增强他的"撕欲"，反而造成反效果。

我想和妈妈们说，小孩撕书是极正常的现象，我们做妈妈的不要因为怕撕书而不给孩子看书，这样的做法是因噎废食。如果错过了和书籍亲近的那个特殊的年龄段，他可能一生都不会喜欢读书了。那么我们计算一下，孩子的损失该有多大？一定要大过他撕掉书的价格的几千几万倍吧！

第四节　让书香溢满每一个房间

一直到了两周岁，我记录的小本子上已经有了近一千个不同的汉字了。当时小区里的一年级小朋友都没有铁锤的识字量多。

认识一个字的发音仅仅是开始，接下来就要懂得这个字的意思和用法。考验孩子是不是懂得的最好办法就是阅读。

其实在我们一味地指责孩子不能独立阅读的时候，我们是不是要静下心来，看看我们自己是什么样子呢？

晚饭过后，你是在电脑前上网还是在读一本书？你的包包里是不是也总有一本书呢？在我们要求宝宝读书的时候，我们自己又在做什么呢？如果我们把空闲的时间都用来上网、看电视、逛街、打牌，那么我们怎么能给孩子一个良好的阅读环境呢？

只有家长把阅读作为一种习惯，当做我们生活的一个重要组成部

分，孩子才会把阅读看做像吃饭、喝水一样平常。只有我们家长爱书，把书当做我们的朋友，这样我们的孩子才会把书当做亲密的伙伴。

所以在给铁锤买书的时候我也会给自己带上两本，在丰富孩子的同时也不断充实自己。

为了养成他阅读的好习惯，我每天坚持写日记。如果一天没什么事，我就写上两三百字。如果有事情发生，我会写上一千多个字。因为我的日记里常会总结从前的事情，或者我对铁锤想说的话，还有从前发生过的事情，大家都忘记了，而日记会提醒我们这些事曾经发生过。所以铁锤特别喜欢读我的日记。如果哪天我偷懒不写，他还会监督我。所以我每天的日记写得很有动力，因为我有忠实的读者，不能怠慢呢！

我家的房间不很大，但书特别多。书架、沙发、床头，甚至是卫生间里都有很多书，触手可及。每晚睡前我都习惯地读上一段文字，在铁锤读书的时候，我也在一旁读书作陪。有时候看到喜欢的句子，我会读给铁锤听，铁锤看到精彩的，也积极地跑来和我分享。遇到一本好书，我们还会一起读，有时候我阅读的速度还比不上铁锤，常常要他在一旁焦急地催促我："快点，翻页了！翻页了！"遇到不认识的字，他马上会来问我，如果我也叫不准发音，我绝不会敷衍他，而是和他一起查阅字典。

在我家床头放着几支笔和一沓白纸，不论大人还是孩子，不论什么时候想写想画，随时可以记录我们的心情。

因为我爱书、爱读书，所以我的铁锤也愿意亲近书。铁锤两岁时识字超过一千，开始自主阅读。五岁的那一年他独自阅读了几万字的《查理和他的巧克力工厂》，起初我还不相信。当他把那几个复杂的外国人物名字和曲折的情节说出来时，我才知道这个孩子是真正地用心在阅读。

阅读是件轻松平常的事，因为在我们家中，有书香溢满每一个房间。

床头的书架

为了看书方便,在我们卧室的床头,我做了一个简易的小书架。上面放了几十本我们喜欢读的书。每晚睡前,我和铁锤都要读上一会儿。后来怕对铁锤的视力不好,我们改掉了铁锤睡前读书的习惯,改为由我和爱人读给他听。经常是已经很困了,他也不愿意睡,努力地睁大着眼睛,不肯落下一个情节。这样我们在睡前读完了《阿笨猫全传》《冒险小虎队系列》《夏洛的网》等书。

有时候早上我很早起床,将一切整理完后,准备叫铁锤起床。当我推开门,常常看到铁锤不知道什么时候已经醒了,穿着睡衣坐在床上聚精会神地读书。铁锤微皱的眉头、嘟起来的小嘴,阳光透过窗帘疏疏地洒进来,落满四周。那画面像极了一幅油画,每次想起,都让我心生感动。

在书架旁还有一沓白色的 A4 打印纸和一些五颜六色的笔。这些是为了铁锤有时候想画画,只要拿起纸笔就可以画出来。不会因为是夜晚懒得下床就放弃了画画的机会。

在铁锤三岁以后,我每个月在网上大约买 200 元钱的书籍(其中也有我看的书)。而且每个月我给铁锤订阅四五种不同的期刊,因为这些期刊里有好看的连载,所以每到月初铁锤都会提醒爱人帮他买书。

我们都知道现在小孩子看的期刊杂志很多,我们不可能把每一本都给他买回家来。可是在哪里能看到那么多的书呢?

答案是:图书馆。

我们的小小图书馆

离我家不到五十步的地方,是区图书馆。

上电梯,五楼,右转,我们就来到了少儿阅览室。

在我没上班铁锤也没上幼儿园的日子,我们常常去。

这家图书馆是新建的,明亮的窗子,干净的座椅,各种各样的儿童期

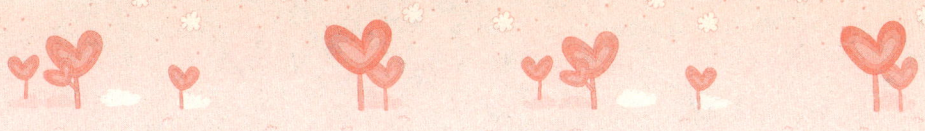

刊静静地等待着小朋友的到来。令人悲哀的是,那些小学生要每天上学,周末还要补课,根本没有时间,而那些有闲的小孩,又不能独立地读书。所以,这个漂亮的少儿阅览室,几乎就是闲置的。

冬天的下午,我和铁锤常来这里。那里有很多我们没有买过的期刊,都是崭新的,而且还定时地更新。阅览室里只有我们两个人,冬天的阳光轻轻地洒在桌上,暖暖的。我的铁锤低着大脑袋,撅着小嘴,聚精会神地读着书。我有时会自己带上一本书看,后来陪着铁锤看的童话多了,总想自己试着写。于是我每次带上纸笔在阅览室里写童话。慢慢地写得多了,我便找到适合的杂志,抄下杂志社的电子邮箱地址,然后投稿过去。走的时候,铁锤会和管理员阿姨说"再见",我们还办理了借书卡,偶尔我们还会借上装订成册的合订本,一次回家看个够。

在以后的生活中,凡是铁锤在读书的时候,我们都不能大声地说话。可能这都是安静的阅览室给他惯出来的毛病吧。

有了这个图书馆,铁锤几乎看遍了所有的儿童期刊,我也是在那里开始了我最初的童话创作。也是在那个阅览室里,我接到了第一个编辑老师打给我的用稿电话。直到今天,我依然记得当时的兴奋心情!在那间少儿阅览室里,铁锤丰富了知识,开阔了视野。我则找到了另外一片天空。可以这样说,这间阅览室见证了我们母子的成长。

后来,在阅览室的杂志里也能看到我写的童话在上面。铁锤指着上面我的名字给管理员阿姨看,他那骄傲的神情让我都有点不好意思。

那天和朋友说起铁锤,她问我铁锤喜欢做什么。我说读书。她再问除了读书以外铁锤还喜欢什么,我仔细想了想,除了读书以外还是读书。朋友感慨地说,这孩子将来可能要吃这碗饭了,还不无担忧地说这碗饭会吃得很辛苦。其实,我不在乎他吃哪碗饭,只要我的铁锤有饭吃,我就开心。

不过,说心里话,当时不觉得,现在回忆起来,一个不到三岁的小孩子,能够在阅览室里独立地读上一整个下午的书,真的是很神奇呀!

我每天上班的时候都能路过这个图书馆,上几节台阶,然后乘电梯到五楼,右拐,就是少儿阅览室。

想想冬天我们在这里读书、写字的那些日子,真是美好!

第五节　选择一个好朋友

选择一本好书,就是寻找一个好朋友。

最喜欢的《儿童动物百科全书》

在铁锤两周岁生日的时候,我和爱人去书店为他买了一套《儿童动物百科全书》,接下来我们又带他去了省博物馆的海洋世界。回来时他发现好多海洋世界里的动物在他的书中都能够找到。我想可能是在那一刻,铁锤爱上了那一套书,也爱上了阅读。因为书中的大多数字铁锤都认识,并且上面还有印刷精美的图画。通过这本书,他知道了那种叫"儒艮"的动物还有一个非常好听的名字——美人鱼,而且它还在轮船的绳索上剔牙。因此常常被绳索碰到,在它们的身体上留下伤疤。他还知道抹香鲸的美味是大王乌贼,蝴蝶的翅膀上的眼睛图案是为了迷惑敌人,他甚至知道很多动物之间都有着亲缘关系。

在他阅读的过程中,如果遇到不认识的字,他会急急地跑来问我。这样,他又认识了很多衍生的字。我和爱人非常感谢那一套百科全书,它是铁锤幼儿时期的一个亲密的朋友。

后来我们又陆续地给他买了建筑、人文等方面的百科全书,这些书是一扇门,带领铁锤进入了一个美妙的科学世界。而汉字,便是开启这扇门的钥匙。

其实我也是这两年才知道绘本这个词。它有一点类似我们原来的看图说话,但又不完全相同。绘本是由大幅大幅的图画和简单的文字组成的。甚至抛去文字,孩子也可能看得懂。绘本的图画很讲究,几乎每一幅都称得上是美丽的画。我觉得它可以带给孩子一种美好的感觉,因为图画的比例很大,很唯美,让人很容易置身于其中。

《有个性的羊》,名字很奇怪吧!说实话我在网上看到这个奇怪的名字,那一刻我就决定把它放到购物车了!因为铁锤属羊,我也希望他将来会是一个有个性的"羊"!这本书的画与文字出自同一个作者,德国的达尼拉·楚德岑思克。我很中意这样的作者,因为我觉得只有自己的画笔才能够最好地诠释自己的文字。画面很美,好像是用彩色铅笔画的。他讲述了有一只叫"赫尔伯特"的羊,拒绝剪羊毛,后来羊毛越来越长,越来越多,这一身长毛给它带来了很多意想不到的好处:捉迷藏游戏中的极好掩护,滚草垛的冠军,还可以玩很刺激的跳水炸弹!甚至它可以在生日晚会上梳一个非常别致的发型,让大家羡慕不已。可是夏天来了,它开始冒汗了,后来长毛纠结在一起,最终在一个星期一的早上,赫尔伯特做出了一个决定:剪羊毛。冬天来了,脱去了外套的赫尔伯特一点也没觉得冷,其他的羊也没觉得冷。从此,赫尔伯特变得更出名了。

书上没有文字交代为什么其他的羊也不觉得冷,但是在画面上所有的羊都戴着一条长长的毛围巾,安静地入睡。只有一只戴着绿围巾的羊,高兴得睁着大眼睛,它,就是赫尔伯特!给大家带来温暖的那只有个性的羊!

在书的封底有这样一段话:

我们总以为,有个性就是不合群,与众不同就意味着孤独。

然而,赫尔伯特却让我们明白了,

即使是一个与众不同的孩子,也一样可以成为群体中的一分子。

每个孩子都是在学做一个与众不同的自己的同时,

学会了接受与众不同的他人。

我想,也只有懂得这一点的孩子,

才会懂得如何快乐地和整个世界一同成长。

我读完整本书,感觉很温暖。真的,我小的时候童书市场太匮乏了,所以现在每见到好的童书,总有一种不能抑制的兴奋。我希望铁锤很棒,最好还要棒得有个性。

枕着诗歌入眠

常常看到话都说不清楚的小孩子,在妈妈的指导下,背诵着唐诗。总觉得很奇怪,他什么都不懂,硬性的记忆对孩子有什么好处?不过是为了满足家长的虚荣心罢了。

后来,我从没让铁锤硬性地背过唐诗,尽管那里面有千百年来的精粹。

每晚睡前,我都有看书的习惯。在铁锤将睡未睡的时候,我常常读两首诗给他听。内容很杂,有唐诗、宋词,还有现代诗。在睡梦中,铁锤听我读《七里香》。

溪水急着要流向海洋
浪潮却渴望重回土地

在绿树白花的篱前
曾那样轻易地挥手道别

而沧桑的二十年后
我们的魂魄却夜夜归来
微风拂过时
便化作满园的郁香

他从未问过我每一句诗的意思,这么美好的东西,是要自己意会的。我很感谢这些诗歌,它们为我解除了不会唱歌的尴尬。那些灵性、韵律、长长短短的句子,让我在睡前的那十分钟,变成了一位美丽、温婉的妈妈。

有一段时间,我读朴月老师写的《西风独自凉》,读过后就放在床头。忽然有一天,铁锤将封面上那行竖排版的纳兰性德的《浣溪纱》一字不错地背了下来。

谁念西风独自凉,萧萧黄叶闭疏窗,沉思往事立残阳。
被酒莫惊春睡重,赌书消得泼茶香,当时只道是寻常。

我细听来,除了断句有点小错误外,还是比较完美的。我很惊讶,我发现这个小孩在诗歌方面的领悟力还是很好的。或者,我每晚睡前的小诗,给了他很好的韵律感,同时让他觉得和诗歌有一种很自然地亲近。这些都是我意料之外的,是格外的赠与。让我很欣喜。

有一次在北戴河,天阴阴的,我们坐船在茫茫大海上。忽然铁锤看着远方说:两岸青山相对出,孤帆一片日边来。我和爱人四周看看,相视一笑,此情此景,还是蛮贴切的。看来这个小孩真的是懂了一点了。

为了避免唱歌,去读诗歌。竟然无心插柳给了孩子一个亲近诗歌的机会,让他把听诗歌当做了一种习惯,继而喜爱上它。有了兴趣,就会事半功倍地学习,才能够很好地驾驭。

在孩子睡前感情饱满地读一首诗给他吧,他不一定会成为诗人,却一定能够读得懂诗。

这是能力,一种懂得享受与欣赏的能力。

第六节　坚持是最重要的

你要坚信,你的孩子能够做到早期识字和早期阅读。
前提是只要你能够坚持。
只要坚持,就可以。

在伦敦的一家科学档案馆里,陈列着英国物理学家法拉第的一本日记。日记第一页上写着:对,必须转磁为电。在以后的每一天,日记里面除了日期,都写着同样一个词:No。从1822年直到1831年,每篇日记都

如此。但在日记的最后一页，却写了另一个词：Yes。在1820年丹麦物理学家奥斯特发现金属通电后可以使附近的磁针转动。这个现象引起了法拉第的深思：既然电流能够产生磁，那么磁是否也能产生电呢？法拉第决心研究这一课题，并且用实验来验证。接下来，法拉第实验、失败、再实验……九年的时间过去，法拉第终获成功。他在历史上第一次用实验证实了磁也可以产生电，这就是著名的电磁感应原理。这一原理，日后促进了发电机的诞生。如果在这九年中法拉第中途放弃，那么发电机的历史不知要延后多少个年头了。这件事告诉我们，不论做什么事情，坚持都是最重要的。在教小孩识字方面，更是如此。

很多妈妈问我，铁锤不觉得烦吗？我觉得，只要掌握方法，控制好时间，激发兴趣，小孩都不会烦的。怕就怕小孩子还没烦呢，家长就觉得烦了，因为没有立竿见影的学习效果，家长会骂孩子笨。时间久了，小孩子就会在心里抗拒：我笨，所以我不会呀！

不论多么好的识字书和软件，都需要家长来配合。而且每个小孩子的情况有很大差异，有的小孩子学了就记住了，但是很快会忘掉。有的小孩子可能当时记不住，需要很长时间才能掌握，却很久也不会忘掉。面对不同的孩子，我们家长一定要有耐心，不是别人家的小孩很快能掌握，你家的小孩就也一样。也不要因为教了他好久没有效果便轻易地放弃，更不要因为孩子学得快而忘记了巩固。

做任何事情都是会遇到困难的，幼儿识字也一样。可能学习了一段时间后你发现从前学习的汉字孩子忘记了很多，我们有必要从头带着孩子再复习一遍。困难就像入侵的细菌，只要看到细菌，我们身体里的免疫功能便会觉醒，变得异常强大。我们遇到困难，也要变得强大。

很多时候，看似不可逾越的终点，或者正是一个美好的开始。

如果孩子累了，那么今天学习的时间就短一点。如果今天孩子的状态特别好，那就多学习两个生字。

在识字上，我们要灵活。

今天我们做一点，明天我们做一点，日积月累，可以积攒好多好多。

孩子，让我和你一起长大

你的辛苦和爱,孩子都记在心里,总有一天,会回报你。可能早,也可能晚,但是这一天一定会来。

同时,一定要给孩子以暗示,识字是件很容易的事情。这样可以让他在心理上很放松,能够乐观地面对这件事情。

第七节 享受文字的美

让孩子识字,让他们学会阅读,并且通过阅读能够享受和体味到丰富多彩的文字世界里面的种种美好。

铁锤在两岁半的时候,曾经在图书馆里写了一首小诗——《挖太阳》。文字略显粗糙,但是真实地反映了一个两岁幼儿的心理。

挖太阳
地上变白了
是太阳出来了
地上变黑了
太阳溜走了
太阳跑到哪里去了
原来他和我捉迷藏
躲到云彩里去了
我叫他 可他不出来
等我回家拿把铁锹
一锹把他给挖出来

随着铁锤读的书越来越多,他偶尔还会编个小故事给我听。他曾经编了一个小故事,故事里面的雪人是冬天爷爷洒下的雪人种子长出来的。后来他的这篇小童话发表在《幼儿园》杂志上,还得到了稿费呢!

种出来的雪人

在一个冬天的晚上。

冬天爷爷在地上挖了一个小坑,放进去一粒白色的雪人种子。可是他又怕这粒种子太孤单了,接着他就挖了一百个小坑,又种上了一百粒雪人种子。然后冬天爷爷拿起他的大口袋一扬,马上就有好多片雪花从口袋里面飞出来。雪花越来越多,不一会儿,地上就铺了一层厚厚的白被子。雪人种子在厚厚的被子下面舒舒服服地睡着了。

第二天一早,小朋友们出来玩。孩子们的笑声惊醒了沉睡的雪人种子。一百零一个雪人种子伸了伸腰,从雪里探出头来。一会儿,雪人就长的和小孩子一样大了。一百零一个雪人和孩子们唱歌跳舞,打雪仗,度过了一个快乐的冬天。

第八节 爱上阅读

凡事都存在正反两个方面,你选择用什么样的方法来塑造孩子,取决于你想让孩子成长为哪一类人。

识字和阅读是两件事

爱上阅读

很多妈妈说孩子积攒了一定的识字量,好多字读得快又准,可是就是不喜欢自己读书。一本新书拿过来,还是要让妈妈读给他听。如果妈妈不读,他宁可做其他的事情,也不自己读。

遇到这样的孩子,怎么办呢?

你要知道孩子为什么不喜欢自己读书,因为他的识字量还不能够完整地把这本书读下来。在阅读的时候,他常会遇到不认识的生字,然后跑去问大人。过了一会儿,又遇到不认识的了,再跑去问大人。次数多

了,孩子的自尊心就受不了了,原来以为自己认识很多字,没想到还读不下来一篇小文章!遇到了困难,想退缩,这是孩子很正常的表现。

可是如果不阅读,认识那么多字还有什么用处呢?

其实我们可以这样。一本新书,我们拿过来先读,在读的过程中,妈妈可以装做有的字不认识,然后我们向孩子请教。次数多了,孩子会觉得:啊,原来大人也常有不认识的字呀!这样一来,孩子会在心理放轻松,可以很坦然地面对那些自己不认识的生字。对于一件事物,只有在心理上放松了,才可以接纳。我们还可以这样,先把这本书里有趣的情节讲给他听,但是要注意的是一定不要全部讲出来,这样会吊足小孩子的胃口。让他有足够的好奇心去自己独立阅读这本书。

凡事都要遵循事物发展的规律,由浅及深。

虽然孩子的识字量足够,但是在阅读方面他还是个生手,所以不要一开始就给他读大部头的书。如果他不喜欢,妈妈会说他懒惰,明明认识字了,还不主动读书,一定要妈妈来讲。其实妈妈们不懂,在阅读方面,他还没有起步,识字考验的是孩子的记忆能力。在他们眼里,每一个汉字都是一个图形,认字的能力强,只是代表他对图形的记忆力强,并不表示这个孩子的大脑有多么的聪明。然而阅读和识字不同,阅读考查的是分析和理解的能力。如果说识字需要的是形象思维,那么阅读就考查孩子的逻辑思维了。

一个人的逻辑思维不是天生就有的,是要慢慢积累、练习的。

大量阅读可以让孩子学会思考、分辨、总结,这些能力在未来的学习生活中都能给他们很大帮助。我们知道有些词语的意思是要意会的,我从来没给铁锤解释过"不过"、"但是"这类词语的意思,在他丰富的阅读中,综合这些词汇出现的具体语言环境,他都能自己琢磨出来意思并加

以使用。

有一次他对我说:"妈妈,我总想把事情做得天衣无缝,可是却总弄得百密一疏。"这两个词他从未问过我们具体的意思,但是他又用得这么准确,只能说这些都是阅读的功劳。

汉字是阅读的工具,如果不去阅读,识字就失去了它的意义。

有的妈妈说我的孩子识字少,所以不喜欢读书。其实识字多少不是问题,认识一百个字的小孩也可以读书。我建议给刚识字的小孩读绘本,尽管绘本较其他同类童书贵一些,但是它的文字比重小,非常适合识字量小的孩子。而且绘本里面大量的美丽图画,可以提供给孩子文字以外的大量想象的空间。也因为文字量小,所以大多数的字他都能掌握,不费力气就可以读完一本书,让他心里满溢着成就感。孩子的成长过程中是需要不断的肯定与鼓励的,这些字数少、图片多的绘本就能给他们鼓励,让他觉得自己很棒,认识很多字,都可以独立地读书了。然后他会有强烈的愿望去征服其他的书籍。

铁锤两岁时,是我们和他共同阅读;三岁时遇到不认识的字来找我们问;四岁以后完全是独立阅读,有时候睡前我给他读书,本来以为他睡着了,突然听到他一句——你那个地方讲错了,少了一个"的"字!说心里话,那时候我的心里竟有一丝恐慌,我没想到他读过的书里面这么小的细节他都记得住!

我常常在网上给他买书,不买那些推荐得最多的,而买最适合我们的。铁锤6岁,我给他买12岁孩子读的书。因为他的阅读理解能力已经达到了这个水平,如果给他看6岁孩子的书他会觉得没劲,那感觉好像能够奔跑的人被强制着原地踏步一样。

识字的工作很好做,很多早教专家都会给你传授好几种方法。但是阅读的能力,一定要我们家长来慢慢培养。

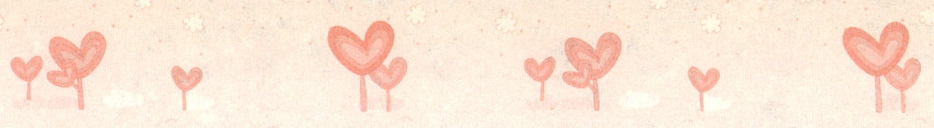

在适当的时候,买适当的书。

由浅及深、循序渐进、坚持不懈,每一个孩子都会发现阅读的乐趣,并乐此不疲。

还有一点我想和妈妈们说,幼儿识字是他的一项本领,也是早教的一部分,但不是早教唯一的部分。早教涵盖的方面很多,我们不可以盲目地追求识字量,给孩子造成心理上的负担。

孩子是一个单纯的个体,不是我们的附属物,也不是我们用来向别人炫耀的资本。

我认识一位妈妈,总是和我说她的孩子像铁锤那么大的时候就没有铁锤识字多,也不那么爱读书。我告诉她每个孩子的气质是不同的,喜好自然也不同,她的宝宝在音乐上很有天赋。可是她说,在音乐上有没有天赋无所谓,我就想让他多识字!

妈妈们都想有一个很小就可以识很多字,读很多书的小孩,这样在同龄的孩子里自己的宝宝显得特别突出,作为妈妈特别有成就感。

我想说,这些不过是妈妈的虚荣心。

其实每个人都有虚荣心,我也有。

因为我们虚荣,所以我们常常被那些量的东西,蒙住了眼睛。两个孩子同龄,甲家孩子认识300个汉字,乙家孩子能够认识500个,那么我们能说甲家的孩子没有乙家的孩子聪明吗?不能,这个识字的量并不能代表什么。我们要知道识字是简单的图形的辨认,不论认识多少字,只有会运用文字的那个孩子才是聪明的。

现在都在提倡孩子早期识字和阅读,但我觉得,没有必要强迫每个孩子都要这样做。识字和阅读只是早教的一部分,甚至是很小的一部分。只不过这部分能力容易被量化、容易被展示,所以深受教育专家们

的推崇。

很多妈妈说因为我的铁锤很早拥有了这个能力,我才可以说这些不是最重要的。其实不是这样的。在我的铁锤读了很多文字的书籍以后,我曾经拿过几本无字书给他看,他几乎一点兴趣也没有。后来我又陆续地买过十几本绘本,他总是抛开那些美丽的背景图画直奔主题地去读那短短的几行字。一本二十元钱的绘本,如果只读里面的文字的话,这个绘本可能只值两元钱。

当经历了这些以后,我懂得,识字是一把双刃剑,你在得到的同时也失去了很多。

一个孩子能够准确地阅读文字时,他会放弃对图画的欣赏。因为可以通过文字知道图画的标准答案,他就放弃了想象。

孩子失去了想象,是很可怕的事。

记得毕加索曾经说过,在他小的时候他可以画得像大师一样。而他努力了几十年,成为大师以后才可以画得像个小学生。

想象的能力,是人类与生俱来的。不用创造,它就存在。而等孩子一点点长大,这个能力会逐渐地减弱,直至消失。

我们做父母的,没必要为了追求所谓的识字量而千方百计地强迫孩子识字、阅读。我认为那种只针对文字的阅读是狭义的阅读,一个孩子的成长需要的是广义的阅读。例如孩子看一幅画,那也是一种阅读,不过阅读的对象不是文字,是对色彩的阅读。让孩子听一段音乐,也是一种阅读,不过这次帮他阅读的器官不是眼睛,而换成了耳朵。

为了弥补,我常常和铁锤一起画画。我们不依照什么来画,就是把自己的心中所想在纸上展示出来。他画过我,画过我们种的花,也画过他自己做的梦。

 **第九节 绘画是一种独特的写作方式**

绘画和写作有很多相同之处,可以说绘画是一种独特的写作方式,

一种用文字,另一种运用色彩。而它们都能够给读者带来美好的感觉和心灵的震撼。

画出你的梦

有一天早上,铁锤说他睡得不好。我问他原因,他说做了一晚上的梦,感觉很累。

我问他梦到了什么?他说那是一篇长长的童话梦,不想说给我听。我说,那好啊!不想说给我听,那就画给我看吧!铁锤是一个很有个性的小孩,和他对话要很讲究方法。如果我一定要他讲给我听,他是不肯的。

我看见他在本子上画了一只鹅,他说那是天鹅。他又在天鹅的旁边画上了一个头发竖起来的小男孩,他说他在梦里和天鹅见面了。然后他想和天鹅一起在天上飞,他就画了一幅天鹅嘴里衔着一个果子的画面,他说天鹅告诉他只要吃下了这个果子,人类就能够变成天鹅在天上飞。于是他就把果子吃下去了,果真变成了一只天鹅。我看到,他在原来的天鹅旁边又画了一只天鹅。后来画面里又出现了一个小女孩,他说他遇到了姐姐,姐姐也想在天上飞,于是姐姐也吃下了果子。接着我看见画面里出现了三只在天上飞的天鹅。后来我又看到了一些草地和房屋,他说这是他们在天上飞的时候看到的画面。后来他们又飞到了火星上,火星上面红红的,他们在那里都变成了红天鹅,在天上飞过的时候像一团团火一样。终于他们飞累了,停在湖边休息了一会儿。等他们醒过来,发现自己很饿,就吃岸边树上面的果子。然后他和姐姐忽然发现,自己又变回了人类。通过这次旅行,他们和天鹅已经成为了好朋友,而且铁锤和姐姐已经掌握了变成天鹅的方法,以后还会经常和天鹅在天空中旅行的!

像一幅完整的连环画一样,铁锤的梦真的是一个童话梦!

他画的天鹅还像模像样的,长长的脖子,扁扁的嘴巴,憨态中透着

优雅。

看来，在铁锤的梦里，真的是和天鹅见面了。

我儿子超过了毕加索

我在我们的床头放了一摞白色打印纸。每天晚上，他都会在床上画上几幅。有时用铅笔，有时用彩色的马克笔。第二天早上，他会挑选出自认为比较漂亮的几张贴在墙上。与其说铁锤是在画画，不如说他是在想象。他的画里有超级饼干机，有制造糖果的流水线，还有发射炮弹的潜水艇。当然出现在他笔下最多的是各种各样的我，写字的妈妈，睡觉的妈妈，浇花的妈妈。画里的我有卷曲的头发，圆圆的眼睛，大大的嘴巴。

有天他在画画的时候，我对他说："我儿子超过了毕加索！"他抬起头来问我，毕加索是谁？我告诉他是一位大画家，他说我真的超过他了吗？我说，是的，你们画的都是抽象画，但是你比他画得更抽象，所以说你超过了毕加索。

为了让他对画画的兴趣更长久，我们准备了很多平时很难见到的绘画材料。各种彩色的硬卡纸，很有立体感的爆米花笔，或粗或细的马克笔。然后我们在蛋壳上画，在玻璃上画，甚至还在石头上画，在纸浆上画。我们这样做，就是让他知道画画是一件很有趣的事情，但也绝不是一件很简单的事情。

有一段时间，铁锤和我在尝试画明信片。这些空白的明信片是我们在网上买的，有不同的材质和色彩，适合不同的笔和颜料。每年元旦，我们会给朋友寄上我们自己手绘的明信片。相信这些明信片，会让我的朋友们做一个甜美的有关童年的梦。

我常去师大那边买绘画用品，好像我家里有一个备考的艺术类考生一样。但是我家里有一个小毕加索，他会创造出很多很多的奇迹。

第十节　通过阅读的方式获取知识

铁锤一天天长大，通过阅读，他积累的知识也越来越丰富。慢慢地，他开始不再相信我们大人的话，而是通过阅读，自己在书上自己找到答案。

铁锤喜欢读书，幼儿期刊、绘本、童话书，所有的，他都喜欢。

而且铁锤读书的时候还要有一个相对安静的环境。如果他看书的时候我们在旁边大声说话，那他很会烦躁地走开到另一个房间去看书。看他那副认真的表情，我觉得一阵好笑。可不是吗？小孩子读书，不过就是装装样子、看看热闹罢了，还能在书里领悟了人生真谛不成？

但是后来发生的一件事，改变了我的看法。我知道他读书不是装装样子、走马观花那么简单，而是真的用心在体会和理解。

平日里，我很注意铁锤的口腔卫生。三岁多的时候，带他到儿童口腔科做了窝沟封闭。然后，坚持睡前刷牙，吃过甜食以后漱口等好习惯。但是有一点，我很头痛——铁锤喜欢喝可乐。夏天，从冰箱里拿出一瓶冰冰凉凉的可乐，谁都喜欢喝，可是，我们都知道，可乐里面的酸性物质，对牙齿的危害很大，我和铁锤说过很多次，可是他不以为然。

直到有一天，我们在外面吃饭时，要了一瓶可乐。铁锤马上用手捂了嘴巴，说："我不喝可乐！爸爸妈妈也不能喝可乐！"我和爱人很诧异，怎么了？我们问他为什么？他说他看了一本书——《游戏中的科学》，里面有一个试验，把一颗人的牙齿放在装有可乐的烧杯里，三天后，洁白的牙齿竟然被腐蚀成了灰色！他很害怕。所以再也不喝可乐了，而且要求爸爸妈妈也不要喝！否则牙齿会变成灰色的！其实这样的道理我们同他讲了很多遍，但是他总觉得我们在吓唬他，很是不以为然。一直到他在书上亲眼看到，他才肯相信。

看着眼前这个小人儿，我和爱人相视而笑。因为我们都想象得到，

当铁锤看到书上关于可乐伤害牙齿的章节时,小小的心灵该是多么的恐慌!也正是这种恐慌才让他下定了放弃可乐的决心吧!

通过这件事,我明白了,对于一个"有文化"的小孩来说,他更愿意相信自己在书上读到的,而不是别人嘴里唠叨千百遍的信息。

看来,小孩子看书,真的不是装装样子那么简单,是用心在体会的。

读妈妈的信

铁锤识字以后,我们的交流除了说话、绘画以外,又增加了一种方式——书信。

他虽然不会写字,但是读得懂。

在"512"汶川大地震后,我从电视和网络上看到地震后的废墟画面,看到那些找不到父母的孩子和失去孩子的父母。忽然之间我觉得自己有必要写一封信给铁锤。铁锤已经是个五岁的大男孩了,很多事情他也应该知道。

于是,我写了一封信给铁锤。

亲爱的铁锤:

这是妈妈写给你的第一封信。妈妈现在的心情很糟糕。

你还记得那个星期日我们从姥姥家回来,你想要楼下的那个拓麻歌子(宠物蛋),我没有买给你的事吗?就在第二天,我们国家的四川省发生了大地震。地震的时候,孩子们都还在教室里上课。就在一瞬间,很多小孩都被埋在了倒塌的房屋下面。经过解放军叔叔努力的搜寻,有的孩子受伤了,有的孩子失踪了,尽管有的孩子安然无恙,却成了孤儿。

铁路断了,公路也不通了。没有办法打电话,曾经温暖的家已经化为一片废墟。四川的夜里冷啊,可是他们没有厚一点的衣服,没有可以盖的被子,更没有热好的牛奶。他们的伤口还在痛,可却再也没有了爸爸妈妈温暖的怀抱!

妈妈在电视上看到他们在轻轻地啜泣,我们敬爱的温总理拉着他们的手说:你们活下来了,就要好好地活下去!

他们能好好地活下去!

但是他们现在有很多困难,需要我们的帮助。或者你的一件衣服,就可以让四川的小朋友避一避风雨;你的一个玩具,就能让他们暂时忘掉身上的伤痛;你要是省下那些买拓麻歌子的钱,就能让他们吃上一碗热乎乎的饭。

他们虽然离我们很远,但是,爱,把我们紧紧相连。

我们虽然不是有钱人,但是我们还能够去帮助别人,这是一件多么幸福的事呀!我们做一点点,就能为国家减轻一点点的负担。不要小看这一点点,如果大家都可以拿出一点点,就是很多很多了。

爸爸去银行汇钱了,因为爸爸对四川有着特殊的感情。他像你这么大的时候,就生活在那里。妈妈在单位也捐款了。所以,咱们家就看你了。我知道,你一定知道该怎么做,也一定能做得好。

还有一件事,妈妈要对你说。人的一生不知道会遇到什么意外,记得,不论遇到什么,一定要保护好自己,不要让妈妈担心。

有时间去看看那本百科全书,我想那里会有关于地震的一些常识吧!

好了,就写到这里。

愿你健康、快乐地长大。

爱你的妈妈

这封信是我在5月15日晚上写的,写好后放在了铁锤的枕头旁边。

早晨起来,他读到了这封信。他似懂非懂地问我,为什么那些孩子找不到了,为什么有的孩子成为了孤儿?我告诉他那里的地形和我们住的哈尔滨不一样,有很多的高山,地震过后,有的山倒塌了,公路断裂了,所以解放军叔叔的救援工作开展得非常艰难。有些地方救灾物资根本就运送不进去。

那段时间铁锤正对楼下玩具店里的一个电子玩具"壮志未酬"感兴

趣。我问铁锤,把这个用来买电子玩具的钱捐给四川的小朋友好不好?四川的小朋友可以用来买饼干、奶粉。铁锤说好,然后他又问我,妈妈捐什么呢?那个月我收到了杂志社寄给我的150元钱的稿费,原来是打算买一台滑板车给铁锤,这样就把我的稿费一起捐出去。

第二天,铁锤收拾了一些自己的玩具和书给我。我问他为什么,他说四川的小朋友不只要吃饭,还要玩玩具、看书,所以铁锤把自己的玩具和书找出来想一起捐出去。我告诉他,玩具和书不方便邮寄,想帮助这些小朋友,以后还有很多机会。

接下来的日子里,铁锤和我们一样关注着四川的救援情况。那时候我问他,有很多的地震孤儿,妈妈收养一个行不行?以往我常常问铁锤,如果我再生一个小弟弟或者是小妹妹给他如何,他总是很生气地说不可以!因为一个孩子习惯了,总怕那一个后来的小孩会分走爸爸妈妈对他的爱。可是对于收养地震孤儿,铁锤却非常愿意。可能是这些天来他和我们一起看电视、报纸,关注汶川那边的情况,已经对那片土地和在那片土地上生活着的人们产生感情!

那段时间我觉得铁锤忽然长大了,懂得了和别人分享,分享书本玩具,分享妈妈的温暖怀抱。

培养写日记的习惯

铁锤在幼儿园学习了拼音后,我们之间的便条就不再是图文并茂的那种了。我觉得这个时候的铁锤完全可以用拼音来写日记了。

我规定他每天写一篇日记。他很反感,觉得麻烦。

但是我坚持让他写,我告诉他如果我们长大了,想看看小时候的样子,我们可以看照片。我们如果想知道小时候发生过的事情,可以依赖于我们的大脑的记忆。可是我们的大脑要想那么多的事情,是很累的。因为每天脑袋里有新的事物进来,就要把旧的事物挤出去。所以,等到长大了的时候,小时候的事情可能忘得差不多了。所以我们要记日记,把日记当做我们的大脑来储存从前的事情。

于是他每天像记账一样写上诸如"早上我吃了一个荷包蛋","晚上妈妈在做饭"之类的话。一般就是四句话,还常常问我:妈妈,我今天都做什么了?

因为我让他写日记,弄得他很烦,在他后来的日记里面就常常出现例如"妈妈一回到家就叽里呱啦地说话"这样的内容。我看了心里一阵好笑,可能这是一种无声的反抗吧。

但是不论铁锤多么不愿意,他还是在坚持写日记。

慢慢地他的日记内容越来越丰满了,里面出现了关于幼儿园里的事情。说什么上课好好听讲了,老师讲的课程都掌握了,还有哪个小朋友被老师批评了等等。字数也越来越多了,有时候能写到八十多个字。

有一天他偷工减料地短短写了几行,我一数才四十个字,我问他从前怎么能写八十个字呢,今天的日记内容太少了。他说今天没发生什么事,所以没什么可写的。

过了一会儿,他过来告诉我说,今天的日记变成八十个字了。我拿过来一看,他把整篇日记加了一个大括号,然后在括号的后面写上了乘以二。他说四十乘以二,今天的日记变成八十个字了。

真是一个机灵的小孩!

有朋友说铁锤这样敷衍我,我为什么不生气,相反还很开心?

面对这样的情况不应该就事论事,应该看看这个孩子一直以来的表现。铁锤一贯是个听话懂事的孩子,循规蹈矩。所以偶然的一次调皮是作为一个小男孩的正常的表现,是他乐于思考的结果。就像很多家长都反感孩子狡辩,我却不这样认为,他能够狡辩说明他具有从另一个角度看问题的意识,他在动脑。

孩子和你狡辩,并不表示孩子不尊重你,你的家长地位也没有因此动摇。只是他把自己和你放在了平等的位置上来讨论问题,好像法庭上控辩双方的谈判。

凡事都有它的两面性,关键是我们如何看待。

铁锤的老师说他是班上唯一一个写日记的小孩,其实学会了拼音,每个小孩都可以写日记。但是家长普遍认为写日记应该是上了小学以后的事情,幼儿园里写日记太早了点。

可是我们的孩子有这个能力,为什么不施展呢?

我认为日记写得越早越好,可以早一点留下成长的纪念。更主要的是在写日记的过程中,锻炼孩子组织语言文字的能力,为将来的作文打下良好的基础。

我们常看到一篇好文章,作者所用的文字我们都熟悉,可是我们却没有能力将那些熟悉的文字排列得那么好。因为我们缺少这方面的练习。而写日记,就是给孩子一个排列文字的机会。

 **第十一节　用文字进行亲子交流**

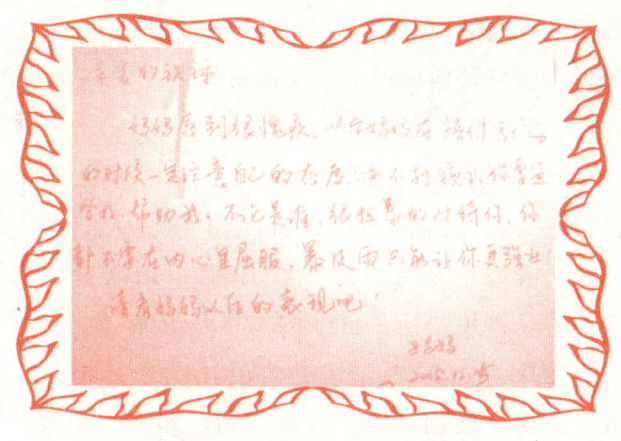

铁甲小宝的肚子

"十一"在山海关玩的时候,铁锤看中了一款铁甲小宝的玩具,央求我们一定要买下来带回哈尔滨。我觉得旅途遥远,不方便携带,答应回哈尔滨后一定买给他。接下来的几天铁锤玩得很开心,一句未提铁甲小宝的事情。我和爱人私下里说,小孩子的忘性真大!在山上那么喜欢的玩具,才过了几天,就忘得一干二净了!

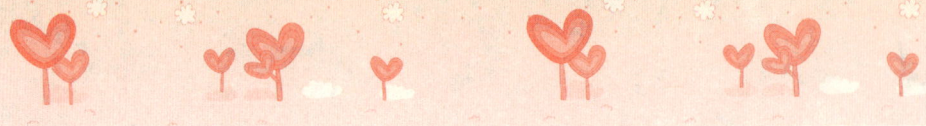

终于回到了哈尔滨！我们急匆匆地往家赶，好想洗个澡，美美地睡上一觉！谁知刚下火车，他就说一定要买完铁甲小宝的玩具再回家。没想到这个小孩虽然嘴上没说，心里还一直记得呢！没有办法，答应孩子的事情一定要做到，于是我们拖着大大的拉杆箱去买铁甲小宝。终于买到了他心仪的那一款。他非常开心，兴奋地手舞足蹈。

回到家里，铁锤迫不及待地打开了包装，取出铁甲小宝玩了起来。玩着玩着，我们看见铁甲小宝的肚子打开了！原来，这个铁甲小宝还暗藏着机关——它的肚子好像两扇门，是可以打开的。而且里面是一个小小的空间，放上三四个玻璃球完全没有问题。起初的几天，铁锤总是放各种东西在里面，糖果、小玩具，有时候还放干果进去。结果常常因为放的东西过大，导致铁甲小宝的肚子关不上门。我觉得这样任他闹下去，这个肚子早晚有一天会被撑爆！然后我和铁锤商量，我们是不是可以用铁甲小宝的肚子来装我们之间的通信。因为上了大班后铁锤学习了拼音和书法，能写很多字了。他觉得在铁甲小宝的肚子里邮信，这件事很酷！

其实我们也不是什么信了，就是我们之间写的小字条。每天我上班走的时候，铁锤常常是还没有起床。我会用一两分钟的时间写上一个小字条给他。有时候用打印纸的一角，有时候是报纸的边缘，还用过口香糖的包装纸。如果没什么事情，就简单地写上在幼儿园好好表现，妈妈爱你之类的话。如果前一天发生了事情，我可能会写昨天的书法作业完成得不认真，要努力。或者我向他道歉的内容也不时地出现在铁甲小宝的肚子里。

有一晚在他写书法作业的时候，非常不认真，不仅写得不整齐，还总在那里玩橡皮。我很生气，态度很粗暴，然后他很快把作业完成了。第二天，他的英语磁带作业无论如何也不让我陪他做了，一定要让爸爸陪。我问他为什么，他还很委婉地和我说因为爸爸的发音比我准确。爱人悄悄地和我说因为昨晚我批评了他，他心里面很难过，所以才不愿让我陪他做磁带作业。一个人的时候我反省了一下，的确我做得有些过分。他毕竟还是个孩子,可能我觉得不够好,但在同龄的孩子里,铁锤已经是不错了。

于是,在第二天早上铁甲小宝的肚子里就出现了这样一封信:

亲爱的铁锤:

妈妈昨晚对你的态度太恶劣了,妈妈以后一定改正。希望能够得到你的帮助。同时你要记得,将来不论是谁粗暴地对待你,你在内心里都不要屈服,暴风雨只能让我们更强壮!

爱你的妈妈

等到晚上我回家后,急忙打开铁甲小宝的肚子来看,在我信下方的空白处铁锤用拼音和汉字这样写着:

亲爱的妈妈:

我爱你。我送给你一个礼物,是一幅画。

里面有几个字还是用拼音代替的。文字的下面画了两个小人,其中一个小人伸出双臂抱住了另外一个小人,他还在小人的旁边分别用箭头标出了"妈妈"和"我"的字样。回过身我发现他不知道什么时候出现在我身后,我伸出双臂,我们紧紧地抱在了一起。

我很感谢这个铁甲小宝的玩具,它用它的肚子容纳了许多。其中很多,是我们大人面对孩子常常羞于表达的愧疚和歉意。铁甲小宝可以代替我们把这些愧疚和歉意表达给孩子,同时它也是联系我们的纽带。不要小看每天这一张小小的字条,它让我们学会了如何去表达,并且让我们在每一天都确信对方的爱,在暖暖的爱中,我们互相关注着彼此的成长。

第十二节　识字的副产品

在铁锤上了大班以后,老师反映说铁锤总是能够快而准确地完成数学卷子。如果说他在语文方面好于其他同学,我能理解。但是在数学方面我没有做特别的努力,为什么他还是可以学得很好呢?

老师给我的答案是,铁锤因为有很大的阅读量,所以理解数学题目,快而准确,省去了很多时间。这样在小朋友还没弄懂题目内容时,铁锤已经做完了。

这倒是我没有预料到的,的确是意外的收获。

铁锤在文字方面的优势很快在幼儿园里显露出来。有一次我在幼儿园遇到铁锤班上的两个小孩,我问他们铁锤的优点是什么。他们异口同声地说,他识字多,能看好多书!老师常常在讲一首陌生的诗歌之前,先让铁锤给全班小朋友读一遍。这种文字方面的优势给了铁锤很多的自信,同时这份优势又给他学习数学带来了方便。是一个良性的循环。

这些优势,都是早期识字和阅读的副产品。

有很多我们还没来得及告诉孩子的知识,他通过阅读已经知道了。

通过阅读,孩子不再偏听偏信家长的,因为他有其他的方式获得知识,同时他也知道了对比和思考。

通过阅读,孩子丰富了自己。内心丰富了,才可以用语言很好地和人交流。而通过交流,他便可以更加丰富自己。

我想,这是阅读的好处,也是识字最终的目的。

这是我的一点育儿经历,说起来很简单,但是具体操作起来是很考验信心和毅力的。不论做什么事情,坚持都是最最重要的。

可以这样说,整个识字的过程,我和铁锤都是快乐的。

所以,请你一定要相信我们的孩子可以的。

也一定要相信我们可以的。

第三章
牵着我的手的你的手

几年之后他的身高一定会超过我,我也会慢慢老去,驼背弯腰、鬓染霜华,但是他成长的每一个瞬间,我都和他一起走过,并深深地记在心间。这些经历,是我人生的珍宝,我会好好珍藏,留到夕阳老年,静静回味,细细品尝。

第一节　他不是一个标准的小男孩

一个男孩子,他可能是好动的孙悟空,也可能是血性的张飞;一个女孩,她可能是八面玲珑的薛宝钗,也可能是多愁善感的林黛玉。

因为有各种各样的人,各种各样的性格,所以世界才多姿多彩。

有很长一段日子,我一直为铁锤的性格而发愁。他内敛、成熟、懂事。从小到大,我们都不担心他会动那些类似电源插头、水龙头等危险的物件,做事情有始有终、中规中矩。所有认识他的人都说他是个小大人。

但是我觉得他和我心中那个标准的小男孩完全不一样。

我心中的那个标准的小男孩应该率性,爬上窗台,大喊大叫;他应该好奇,大人越不让做的事情越要去做;他应该好斗,常常和小朋友打架;

他还应该放得开,不会把一点小事放在心上,惴惴不安。标准的小男孩还应该和父母顶嘴,据理力争。他甚至还应该有桀骜不驯的眼神,挺起的小小胸膛,一副顶天立地的模样。

然而我越来越失望,因为铁锤,不是标准小男孩的模样。

铁锤三岁的时候,一天他回家告诉我,他整整一节电脑课都在那里坐着。我很奇怪,因为电脑课是铁锤最喜欢上的,为什么干巴巴地坐着呢?他说因为他那台电脑的显示器坏掉了,所以他一节课什么都没做。我问他为什么不和老师说明情况,他的回答令我啼笑皆非——老师说过上课时不可以说话。铁锤是个守规矩的小孩,但是过于守规矩了。

性格决定命运。我想改变铁锤的性格,让他变成我心中那个标准的男孩模样,拥有完美的性格,同时也拥有完美的人生。

后来我做过很多努力,试图想改变铁锤的性格,让他更接近我心中那个标准的小男孩。一段时间后,我发现略有改变,但是离那个标准的小男孩还有着十万八千里的距离。

我很郁闷。

一天看到电视上介绍金字塔,忽然间,豁然开朗。一个金字塔,是有各个层面的。好像我们生活的这个世界是由各种各样性格的人组成的,他们从事不同的职业,有不同的经历,也有着不同的人生。

我们想要孩子有一个好性格,可什么是性格呢?

其实,生活中我们所说的"性格",包括了心理学上的"气质"和"性格"两个概念。气质是指个体不以活动目的和内容为转移的典型的、稳定的心理活动的动力特性,是一个人心理活动在发生速度、灵活性、强度和指向性等方面特征的综合,它决定于生物学因素。也就是说,它来自遗传,是稳定的,不易改变。气质分为多血质、胆汁质、黏液质和抑郁质四个典型类型。我们常说的活泼好动、思维灵活的外向型性格多是指多血质和胆汁质,他们的代表人物分别是孙悟空和张飞,而安静沉稳,不善交往的内向型性格多是指黏液质和抑郁质,她们的代表人物是薛宝钗和林黛玉。性格主要是在后天形成的,具有社会性,变化比较容易,比较

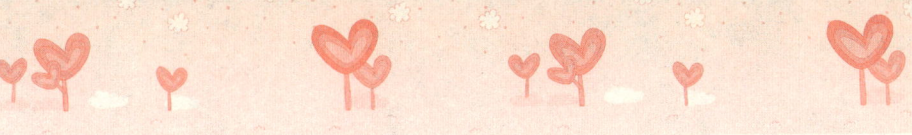

快。气质是行为的动力特征,与行为的内容无关,气质无好坏善恶之分;性格涉及行为的内容,表现个体与社会的关系,有好坏善恶之分。具有不同气质类型的人可以形成同样的性格特征,具有同一气质类型的人可以形成不同的性格特征。

我们可以知道"气质"决定于生物学因素,它来自遗传,不是我们后天想改变就能够改变的。即便我们想改变孩子的气质,也是徒劳。而孩子的性格,又有好坏之分吗?很多人认为,"性格决定成败",认为这个"性格"有一个固定的模式,只要是符合这个模式的性格,都可以获得成功。就像我期待铁锤变成那个标准的小男孩一样。可是,事实不是这样的。不同的行业对从业人员有不同的要求,并不是只有那些拥有"完美"性格的人才有机会。外向的人能拥有一份好工作,内向的人也拥有同样的机会。性格沉稳的孩子去做工程师,浪漫的孩子去搞艺术,细心的孩子可以做财务,善于表达的孩子长大后去做教师,而不爱说话的孩子妈妈也不要着急,他可能做画家、搞研究呢!画家在搞创作的时候需要沉浸在自己的世界里,所以不需要叽里呱啦地说话!

如果世界只由一种性格的人组成,那么可能很多职业都会被荒废,我们的世界不会进步,我们的人类历史将会失去美好的回忆,也失去了很多的希望。

我们希望孩子是工程师,可是这个世界不能只有工程师,要有农民为我们提供农作物,要有厨师为我们烹调,要有建筑师为我们设计房屋,还要有机械师为我们设计交通工具。然后我们又想要精神上的享受,要有画家画画,有音乐家谱出动人的曲子,作家的美文,这是我们要吃的精神食粮。

一个男孩子,他可能是好动的孙悟空,也可能是血性的张飞;一个女孩,她可能是八面玲珑的薛宝钗,也可能是多愁善感的林黛玉。

因为有各种各样的人,各种各样的性格,所以世界才丰富多彩。

不要刻意去改变孩子的性格,因为我们的地球不需要几十亿个完全

相同气质的人。

不要刻意去改变孩子的性格，因为总有一个属于他的位置在等待着特别的他。

第二节　你可以试着勇敢一点

我是那种很静的性格，铁锤和我一起的时间长了，也同我一样，很静。我有着女性特有的胆小，不自觉地也感染了铁锤。

像家里的电源插线板，不用人提醒，铁锤绝不会动。你若问他为什么不动，他会把书上看来的那一套关于水利发电的全过程讲一遍，然后指着插线板很神秘地对你说："那里会有电流流出来的。"对于类似这些，我一直很满意，因为他有着同龄孩子所没有的自律与谨慎。是啊，一个人不能自律，管不住自己怎么能成才呢？

直到有一天，我发现一切并没有朝着我想象的方向发展。

每个星期三铁锤都会在幼儿园里上电脑课，除了外教课，电脑课是铁锤最喜欢的了。晚上我问他电脑课上得怎么样？可他却没有了每次的兴奋，默不作声。我很奇怪，又重复了一遍，半天铁锤才说原来他的那台电脑坏了，根本无法开机。所以一堂课，别的小孩子在玩，我的铁锤就面对黑屏坐着。接着我很自然地问他，为什么不同老师说你的电脑坏掉了呢？可是他却说："老师说了，上课的时候不能说话！"

一句话，说得我哑口无言！

这就是我塑造的听话的小孩！

我反省了很长时间，是我的教育有失败的地方。

晚上，我对他说："铁锤真好，能够帮妈妈做好多事。可是只有一个小小的缺点……"还没等我说完，他就问："什么缺点？"我说："好像少了那么一点点儿勇敢。你知道妈妈会越来越老的，谁来保护妈妈呢？"他很有责任感地说："我来保护你！"我说："可是你的胆子那么小，怎么保护

妈妈呢？到时候坏人会欺负妈妈的。如果你想让妈妈到老的时候不被坏人欺负，那你就必须变得勇敢一点儿。像今天在电脑课上，你应该告诉老师你的电脑有问题，上课的时候是不应该说话，但在有事情的时候一定要和老师说，这就是勇敢。"铁锤听后，撸起袖子摆出奥特曼的经典造型，大声说："是要勇敢一点儿吗？我一定要变勇敢。不过妈妈，得一点一点变。"我知道他是在给自己打气，因为他知道自己肩上的"担子"很重。可是真的让他有所改变，我知道是很难的。

同他谈完后，我和爱人交流了一下，我们认为这应该是一个他能接受的方式。

小孩子，有时候懂事也不一定是什么好事。不是有那么一句话吗——听话的孩子没有糖吃，我的铁锤就是这样的。

一个幼教专家曾经说过：造成孩子胆小怯懦的原因是多方面的。当孩子不懂得什么是危险的时候，他们是不会胆小害怕的。随着生活内容的增加，在生活实践中，常常会遭到某些伤害和影响，产生了恐惧的心理。由恐惧心理而导致的胆小心理，大部分是由于大人们的行为所导致的。当然，也有的是因为孩子无知莽撞，亲身尝过苦头后才变得胆小起来。我想我的铁锤之所以胆小，原因都在我这里。在他什么都还不懂的时候，我在语言和行动上限制了他，导致他过分地保护自己，总怕受到伤害。我要努力弥补我对铁锤教育上的缺憾，希望还不晚。

让铁锤这样的孩子变得勇敢，不是一朝一夕的事情。他读过很多书，懂得多了，恐惧自然也多了。

我觉得，运动可以让孩子变得勇于挑战，挑战自我，挑战极限。尤其是男孩子。

为了勇敢一点，玩轮滑

意识到了铁锤性格中欠缺那么一点勇敢后，我有意识地锻炼他，让他可以勇敢一点。我们买了一双轮滑鞋，这双轮滑鞋一直是他喜欢的。因为铁锤的表姐有这么一双，而且已经滑得很不错了。铁锤很羡慕，但我知道在他心里还没有意识到玩轮滑不是那么简单的。他只看到了姐姐随意地控制着脚下，并没有看到姐姐摔过的跟头。

铁锤像模像样地戴上了头盔、护膝，还有护腕，很神气！这样看上去已经是一个标准的"轮滑少年"了！可是，一穿上轮滑鞋就不行了，他发现不是想象中的那么简单，甚至还很麻烦！他控制不了脚下的那两排轮子，可是碍于面子又不好意思马上把鞋脱下来。于是他小心翼翼地扶着墙走，一步一步，还算顺利。这样坚持了一小会儿，终于敢放开手了。可是刚刚试图走上一步，就来了一个大屁股墩儿！这样反复几次，他的眼圈变红了。我在一旁鼓励他，告诉他妈妈第一次滑的时候比他还惨呢，屁股都摔肿了！每每在他遇到困难的时候，我都会拿自己小时候来说事，这样让铁锤知道妈妈也是从小时候经过的，他遇到的那些问题妈妈也都遇到过，这样就拉近了我们之间的距离，交流起来更容易些。他听说我也曾摔过，心情稍好了一点。我告诉他，在向前滑的时候，上身尽量放低，挥动手臂，放轻松。慢慢地，铁锤可以像走路一样地"滑"了，开始还是要扑奔一个目标过去，后来可以灵活地在每个房间里滑行。从穿上鞋子，到可以不摔倒地走路，铁锤用了半天的时间。等他脱下轮滑鞋的时候，他说脚踝那里有一点疼，我想可能是还不习惯这样用力，扭来扭去的，所以才会疼。摘下头盔，我看到铁锤的头发像刚刚洗过一样，鬓角处还流淌着大滴的汗珠。

现在的铁锤虽然不像专业学过轮滑的孩子滑得那么好，但我已经很满意了。我觉得强身健体的目的已经达到了，而且通过轮滑练习，他从轻视轮滑到恐惧轮滑，最终战胜恐惧并且掌握轮滑，这是一个很重要的过程。男孩子在摔打中变得越来越坚强勇敢。

为了再勇敢一点，去打那个最高的滑梯

儿童公园里有好多滑梯，铁锤小的时候就玩那两个小象滑梯。慢慢大了一点，可以玩大象滑梯。再大一点，他依然只玩大象滑梯，因为剩下的那个滑梯太高，他不敢。

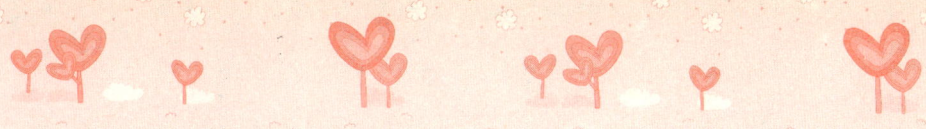

说实话,我也不敢。我一直都恐高,爬山的时候不敢向山下望。只要望上一眼,心跳加速,小腿肌肉还会抖个不停。可是我不能让铁锤看出来,不然他会瞧不起我,不再听我的话。

我曾经几次鼓励他去打那个滑梯,可他总是不肯,几次都上到一半了,朝下面一看,害怕了。在他四岁的夏天,我发誓一定要让他从那个最高的滑梯上滑下来。那个周末,我和他说今天不玩这个滑梯,我们就不回家了。他执拗地低着头,不说话。我知道那个滑梯是他心里的一个障碍,他在内心里无限放大了滑梯的高度。像我小时候一样。

我们这样僵持着,在儿童公园的滑梯旁,夏天明亮的阳光下,固执得一言不发的两母子。

"小朋友不敢吗?"一位二十几岁的大男孩过来问我们,铁锤不语,我点点头。他拉起铁锤的手,告诉他和叔叔一起,就不会害怕了。只见这位叔叔拉着铁锤的手,让铁锤在前面先上,并且叮嘱铁锤只要看前面就好。终于看到铁锤颤颤地和叔叔上到了最高处,叔叔让铁锤自己滑下来。我看到铁锤在上面坐下来,用手撑着一点点地往前挪动,终于挪到了滑梯的入口,像一只小鸟一样,滑了下来!

他好像还有点不相信自己做到了,稍稍那么愣了一下,然后张开双臂扑到了我的怀里。其实,如果我不怕,早早地像这位叔叔一样亲自带铁锤上去,他早就可以的!因为我在小时候的恐惧,所以我格外希望铁锤能够战胜这种恐惧,不仅为了他自己,也为了我那颗胆小的心。

其实困难没有那么可怕,可怕的是人们无限地放大了这困难。也可以说,是自己在吓唬自己。

帮助妈妈变勇敢

冬天的时候,我们还去打雪圈。雪圈就是一个像汽车轮胎一样的东西,我们坐在上面从高处滑下来。因为轮胎和雪道之间的摩擦力很小,滑下来的速度特别快,我第一次玩的时候感觉心脏都要跳出来了!很多大孩子也像我一样的害怕,无论妈妈们怎么劝说都不肯。可是我的铁锤

不怕,他在那些玩雪圈的孩子里面年龄最小,但是胆子大,动作敏捷。不仅可以快乐地滑下去,每次的动作还都和上一次不同。时而坐着,时而趴着,有时候还要倒着滑下去。周围的妈妈都说铁锤胆子大,是个小男子汉。我在心里很高兴,因为从小到大,我听到大家对铁锤的赞扬都是聪明、懂事,这是第一次听人家夸他是一个男子汉!我的铁锤现在是一个文武双全的男孩子了!

铁锤看我总是害怕,他便鼓励我。他要陪我坐一个大雪圈。起初我不肯,但是又怕他因为我胆小而瞧不起我。所以硬着头皮坐了第二次、第三次,从最开始我闭着眼睛尖叫,到可以睁开眼睛尽情享受这种速度带来的美妙感觉,这一切,都是因为有了铁锤的帮助和鼓励。

原来我过于敏感谨慎,很多时候总是设想了那些不好的结果,做事情常常缩手缩脚。但我知道我的铁锤将来一定不会像我这样,因为他比我勇敢。

我已为人母,是一个成年人了。成年人的身体已经发育完全,但是并不代表成年人的心理和精神上也都发育完全了。我个人觉得,在有了铁锤以后,我的心理和精神经历了一次宝贵的二次发育,这段经历,弥补了很多我心理的缺憾,让我更为完善。

所以,我很感谢铁锤,在让他勇敢的同时,他也让我变得勇敢。

给孩子一颗勇敢的心,也还我们的心以勇敢。

 第三节　说到就要做到

我们立字据呀

铁锤四岁那一年的夏天,他生病要吃中药。因为苦,他如何都不肯吃。我们加冰糖、蜂蜜在里面,他也一样地吐出来。

后来我们就用利诱的方法,许诺他可以玩上20分钟的游戏,然后再

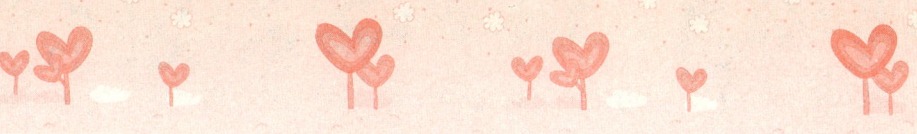

回来吃药。他欣然同意,兴冲冲地跑去玩游戏。等到游戏玩完了,拿了药,放到嘴边又是不肯吃。我问他为什么说过的话不履行呢?他始终低着头,一言不发,一副看你能把我如何的模样。我气得说不出话来,可我又能怎么办呢?好像农民工遇到了无良老板,没有签订用工合同,拿不到工资。真是有苦没处诉。

气消了以后,想明白了只是生气也不是办法。我们的目的是要吃药,然后病快点好。铁锤不是识字吗,那是文化人了!既然是文化人,那咱们就用文化人的方法来处理问题。口说无凭,还是要立字据的!

等到下次吃药的时候,我先拿来了纸笔,和他说立字据。他不懂得什么是立字据,觉得好玩,欣然同意了。我在纸上面写上"玩完游戏后一定喝药",下面签上我的名字。由于铁锤还不太会写字,就让他简单地写上自己的姓,再按上个小手印。于是,他就高高兴兴地玩游戏去了。20分钟后,我拿了药给他喝,他依然不肯喝,一副无赖的样子。这时我拿出事先写好的字据,一字一字地读给他听,他听过后很是不好意思,一口气就把药喝掉了,然后他露出了很痛苦的表情,我及时地把一块冰糖塞进他嘴里,表扬他是个男子汉,说到就能做到!他倒不好意思地笑了。

我知道如果我强行地给他把药灌进去,甚至恐吓他,也可以达到让他吃药的目的。但是会弄得彼此都不高兴,而且也不能一天吃三次药都要弄得像打架一样。每个小孩都有他的特点,铁锤能识字,讲道理,所以就要用他能接受的方法来处理问题。后来我们又立过很多次字据,都很有效果。

对待小文化人,就要用文化人的方式。小小字条,有大大的承诺在里面,也有做人的准则和尊严在里面。

叫三次,可以打

我向来是不主张体罚孩子的,可是教育孩子不能是单纯的和风细雨,还要有偶尔的暴雨狂风。就像小树,只有经历过恶劣的天气,才知道它的根扎得是否深,它的生命力是不是足够强。

铁锤很小的时候,我曾经告诉过他,不要打人,因为打人是野蛮人的行为。我们不做野蛮人,因为我们是文明人。可是后来我发现,在你面对一个五岁的男孩子,有些时候,娓娓道来、春风化雨是不能解决问题的。

睡前,我都要叫上很多次他才会慢腾腾地来洗脸洗脚;写作业的时候,不知不觉地就看起了杂志;吃饭的时候,咬着勺子玩。我在旁边说了十几遍,他好像都没听见。说得自己都烦了,累得我好像都失去了吃饭的力气。

我知道这样下去是不行的,我一定要找到解决问题的方法。

我想到了那个野蛮人的方式。

我把铁锤叫到跟前,同他约定:在以后的生活中,如果我叫他三次,他都不应答的话,那么我就可以打他一下。听后,他很兴奋地和我击掌,可能他觉得自己会做得足够好,永远也挨不到那一下。

在接下来的日子里,开始他还有意识地配合,可是慢慢地就懈怠了。终于有一个晚上,我叫了他三次来卫生间洗脸,他都没有应答,于是我的手掌重重地打在了他的肩膀上。他很诧异,我冷着脸说:不是说好的吗,叫了三次不回答,就可以打的。他什么也没说,乖乖地去洗脸了。后来,在我说一件事情重复了三遍后,我都要告诉他,铁锤,已经是第三遍了!然后,他会很自觉地去完成。

当我正为这个方法得意的时候,发生了一件我意想不到的事情。一天我在看书,铁锤叫我看他画的画,我应了几声也没动弹。忽然他走到我背后,"啪"地打了我一下。我刚要发火,他慢悠悠地说:"你不是说了,叫三次还不回答就可以打吗?我都叫你三次了!"我无语。是呀,既然是两个人的约定,就是约束两个人的。即便你是家长,也没有特权的。

后来铁锤学了《弟子规》,里面有一句"父母呼,应勿缓",我常常用这个教育铁锤,可铁锤对我说,儿子呼,父母也应勿缓。

现在,我们两个都很自觉,已经不用打了。但是,我认为野蛮人的方

法不是绝对的不好,它也是解决问题的一种方式,还要看你怎么用了。

妈妈今天轻轻地打你一下,就是为了以后避免重重地打你。

第四节 我说过的,你都要记得呦

铁锤有段时间迷上了央视少儿频道播出的动画片——《小鲤鱼历险记》,每晚7点钟,都会搬好小椅子,在电视前等着。还让我们给他记录片尾曲的歌词,可认真了。

有一天,我正在厨房准备晚饭。忽然铁锤推门进来说:"妈妈,你知道吗?小鲤鱼说的是:'我心如铁,坚不可摧!'阿酷说的是:'智勇双全,我心飞翔。'"我当时正忙着做饭,怕厨房里的东西碰到他,于是我就敷衍说:"知道了!妈妈知道了!"铁锤很认真地说:"妈妈,你一要记住呀!"我只希望他马上离开厨房这个是非之地,一边往外推他一边说:"妈妈记住了,不会忘的!"

接下来的一天,铁锤在玩玩具,我在看书。忽然他抬起头来问我:"妈妈,阿酷说的是什么?"我想都没想就说:"我心如铁,坚不可摧!"铁锤又说:"不对,那句是小鲤鱼说的,我问你阿酷说的是什么?"我实在是想不起来了,因为那天根本就没往心里去,于是,我装做没听见继续看我的书。这时铁锤急了,走过来大声问我阿酷说的是哪一句话,我哪里记得呢?当时我正在读一本很喜欢的书,对他的不依不饶很烦,我一把推开他,说:"那是你们小孩的事!"转过身来继续读我的书。

静了好一会儿,我忽然听见嘤嘤的哭泣,我把目光从书上移开,看见眼前的这个小男孩一脸的委屈,低着头小声地咕哝着:"你不是说不会忘的吗?你不是说能记住吗?"我觉得一阵好笑,是呀,就为了一句妈妈没记住的台词,至于让一个小男子汉这样大动干戈吗?再说了,我每天有多少重要的事要做,已经都焦头烂额了,哪还会记得这样无关紧要的小事呢?

"那你说的话,以后我也不记得了!"铁锤愤愤地说。

是呀,每次我在告诉铁锤该如何如何的时候,都反复叮嘱:记住了,不要忘了!我认为我告诉他的都是很重要的,都是大事情,所以一旦他没按照我说的话做时,我就在旁边絮絮叨叨地说:"告诉你一百遍你都记不住!"可是,我忽略了,铁锤对我说的,也是他认为很重要的大事情,所以当他知道心爱的妈妈并没有把他的话放在心上时,该是多么地伤心和失望!

一直都说把孩子当朋友来对待,可是,在内心里,我并没有像对待朋友一样来对待他。否则怎么可能把朋友的话不放在心上呢?

想到这,我很是为刚才的态度自责。我放下手里的书,拉起铁锤的手说:"铁锤,妈妈年纪有点大了,记忆力不太好了!你得多提醒妈妈几遍才可以呦!"铁锤一听,马上破涕为笑,大声说:"阿酷说的是,智勇双全,我心飞翔!这次你要记得呦!"

"妈妈不会忘记的,以后你对妈妈说的任何事,妈妈都会努力记住!"我在心里这样对自己说。

第五节 玩具——孩子亲密的伙伴

在你的记忆深处,是不是常出现那个漂亮的布娃娃?或者是那个铁质的小坦克?再或者,是那只上了发条就可以蹦蹦跳跳的青蛙?

我的童年正值那个物资匮乏的年代,一个美丽的布娃娃就是一个女孩子的奢望,是她童年的全部梦想。记得我们邻居家的姐妹俩就有那样一个布娃娃。只要把娃娃放平,它长长的眼睫毛就会乖乖地垂下来,眼

睛闭得紧紧的,像熟睡了一样。当你把它直立起来,它的眼睛马上又睁得圆圆的。姐妹俩一边骄傲地展示着布娃娃的才艺和功能,一边尽情地享受着我们羡慕的目光。妈妈一直为我们的童年没有一件像样的玩具而愧疚,在我三年级的时候,妈妈用了18元钱买了一套木质积木给我们。白色的柱子,蓝色带着花纹的拱门。虽然我们已经过了玩积木的年龄,可是这套积木依然带给了我们迟到的幸福与满足。

我们都知道,一个小孩子的成长是需要各种各样的玩具伴随的。铁锤还在我身体里的时候,每当我看到货架上那些琳琅满目的玩具,心里总会被一种幸福的感觉填满,虽然我还没有看到我的宝宝,但看到这些不同阶段的玩具,眼前仿佛呈现出各个阶段的铁锤,快乐的,娇憨的。

我曾经准备了很多摇铃给他。我要让他听到这世界上所有美妙的声音。

现在的摇铃做得很科学,发出的声音不像从前的"哗啦棒"那么尖锐刺耳,相反那是一种极其清脆的声音。而且色彩鲜艳、造型多变,甚至有塑胶、布艺等多种材质。我最喜欢的是一种健身架,两侧是"人字形"的支架,中间的横梁上垂下来三个大小不同形态各异的摇铃。铁锤两三个月的时候,特别喜欢这个健身架。第一次看到,他高兴得手舞足蹈,过了一会儿,他试探地伸出手去,摇铃动了,同时还有声响,他的眼睛睁得大大的,像看到了怪物一样。时间久了,铁锤还可以翻过身来,伸出手去抓。六七个月的时候,他又可以躺在床上伸出脚丫子去碰响那些摇铃了。到了十个月以后,他总想借着健身架站起来,可是健身架是塑料材质的,承受不住铁锤的重量,我们只好把这个健身架拆开来,变成了几个单独的摇铃,又玩了很久。

我还买过一个手表造型的腕式摇铃给铁锤。黄色的表带,上面是一个特别可爱的白色卷毛小绵羊,有一个小铃铛就藏在这个小绵羊的身体里。铁锤三个月的时候,穿一件浅蓝色的毛衣,我把这个腕式摇铃戴在

他的毛衣外面，非常漂亮。那段时间铁锤常常把手举到眼前看，看过了左手再看右手，看也看不够，就好像自己的手上有图案有文字一样。戴上这个摇铃后，每当他的手动，便有"叮当叮当"的声音发出来。他饶有兴趣地看着，放下，举起手，再放下，再举起手。真是一个执著的小孩呀！

铁锤一岁以后，手指渐渐灵活。为了锻炼他指间的触感和手指肌肉的发育，我把一条长长的、色彩艳丽的木质项链拆开来，它的每一个串珠都有着不同的形状。更好的是每一个串珠的中心都有一个比较大的孔。考虑到铁锤还小，不能熟练地使用软绳，我想了一个好办法，就是用输液器最前端的小软管（将针头部分去掉），这个小软管具有一定的硬度，还有很好的手感。让我更喜欢的是，这根小软管很短，这样铁锤穿上七八个珠子后，就差不多满了。这让小小的他很有成就感。在他一岁半的时候，我们常把这些小珠子散在地垫上，然后一人一根小软管，看谁穿得快。开始的时候，我们是单纯地比速度。等到他快两岁时，已经能够认识十种颜色了，我们便指定使用某一种颜色的珠子来比赛。再后来，我们以某种颜色的顺序来穿珠子，这样的比赛更有趣味性。等到铁锤有了数字概念的时候，我们又把数字融入到了穿珠游戏中。这条珠子项链是我花了十几元钱买的，没想到却给我和铁锤带来了数不清的快乐。

很多玩具，铁锤玩了一段时间就放弃了，例如那一套奥特曼的玩具。但曾经有一套玩具，铁锤玩了一年，并且现在依然在玩。那是在铁锤四岁的那个冬天，爱人买的一套1399种造型的电子积木。开始是我们和铁锤一同组装电路，两个月后，铁锤就可以看着电路图自己进行组装了。等到五岁以后，铁锤能够抛弃电路图，依照自己的感觉，自由地组装电路。常常刚从外面回来，他便迫不急待地拿出这套电子积木来玩。通过这套玩具，他知道了电阻、电流、电压这些很专业的词汇。他理解的"电流"是电子在流动，"电阻"是阻碍电子流动的东西。他甚至还组装了一台调频收音机，一个声音放大器。有一天夜里，突然断电了，他在手电筒的照明下，为我装出了一盏电键控制的灯。在漆黑的夜里，这盏灯格外明亮。我知道明亮的不仅仅是灯光，还有铁锤的智慧。

我们还买过一个玻璃材质的小黑板,它为铁锤早期识字立下了汗马功劳。现在它还在我家的阳台上,铁锤会写字后,这块小黑板就成了我们之间的留言板。

还有,我一直很排斥电动玩具。它们往往有漂亮的外表,动听的声音,这些都吸引着孩子的目光。但是我觉得这些玩具对孩子的智力和创造力没有多大的帮助,而且价格还很贵。所以这些电动玩具,一般我都是让孩子在超市里试玩一下,很少买回家。

妈妈们一般都有这样的体会,孩子懂事以后,玩具这一块是比较大的支出。我们怎么能够花很少的钱玩上又多又好的玩具呢?在这里我和妈妈们说一句,有很长一段时间我和铁锤选择租玩具的方式。在铁锤18个月以后,我们租过锤盒、彩色打桩床、给小熊缝扣子等好多玩具。几乎所有的木制玩具我们都玩遍了,却没有花上多少钱。因为很多玩具都具有年龄的限制,过了某个年纪,可能这个玩具就失去了价值。所以,租玩具是一个很好的选择,如果你对卫生状况担心,那你在给宝宝玩之前用软布沾取酒精进行擦拭消毒就可以了。

如果我们能够把所有孩子喜欢的玩具都买下来,并且全部保存下来,是很考验家长的财力和精力的。所以我们只留下几件经典的就好了。铁锤现在的玩具,除了送人的以外,还有满满的一大纸箱。三把宝剑、四支手枪、三个陀螺、两架飞机、一堆大大小小的汽车、一只身体会摇晃的木质鳄鱼。我最喜欢的是那只拉着就会敲打着走的小狗车,它让我常常想起那个夏天的铁锤,穿着背带裤,戴着渔夫帽,手里拖着小狗车,酷酷地在阳光下走。

有些时候那些看似普通的玩具,却有着你意想不到的作用。

自己做玩具——纸屑螃蟹

日常生活中,报箱中常常有各种各样的促销广告。时间长了,积攒下了厚厚的一沓。因为印制这些广告的纸质地很好，同时印刷非常精美，所以即使没有什么用途，也不舍得扔掉。

一天在打扫房间时发现铁锤把这些纸撕得乱七八糟的，几乎铺满了整张沙发。正当为这些碎纸头痛时，我突然想起了一个好办法。

我找来一张深颜色的硬纸板，在上面勾勒出一只大螃蟹的轮廓。然后我和铁锤一起把这些碎纸撕得更碎，变成了一小堆儿花花绿绿的碎纸屑。每一片小纸屑的颜色都不相同，更有趣的是，因为是用手撕的，所以每一片纸屑的边缘都有一圈白色的毛茬儿，很特别。

我拿起一片纸屑在背面粘上了双面胶，然后再把这片纸屑贴在之前画好的硬纸板上。铁锤也学着我的样子拿起了一片小纸屑，起初的时候他还弄不好双面胶，总是粘在他的手指上拿不下来。可是在试了几次之后，他就能做得很好了。

然后我们把这些漂亮的碎纸屑沿着螃蟹的线条密密地粘起来。铁锤贴得越来越熟练了。可是过了一会儿，又有事情发生了。可能是这项工作太简单、重复了，铁锤做着做着觉得有一点儿烦了。我在一旁鼓励他，并且同他一起做。

就这样，差不多一小时的时间，一只非常有创意的螃蟹就出现在我们面前了。远看像一幅抽象画，伸出手来摸又有凹凸不平的手感，很有意思。铁锤看见原来的那些碎纸屑变成了一幅画，而且还是他亲手创作的，他非常高兴，也很是得意。

且不说利用这些碎纸屑是一个变废为宝的好方法，就是枯燥的制作过程对小孩子来说也是毅力的一次大考验。因为小孩子都喜欢新鲜事物，可是一个动作做久了难免会厌烦。这时如果妈妈在一边亲切地鼓励，并加入他的队伍，这样不仅锻炼了孩子的耐力，更是一个很好的亲子机会。

而且，利用这些无用的广告纸做游戏，也是一个环保的好方法。

小孩子都喜欢撕纸，常常让大人头疼。可是如果能够把撕纸变成一项可爱的亲子游戏，我们何乐而不为呢？

第六节　家有小财迷

很多时候我们不愿意和孩子谈钱,总觉得太过俗气。所以我们包办了孩子的所有开销,等到孩子上了大学后,拥有了自己支配支出的权利,可是却不知道该怎么安排自己的生活。一个人生存在这世上,钱终究是一个绕不过的话题。所以在孩子小的时候就应该让他们有钱的概念,让他们知道父母的钱不是用之不竭、源源不断的,也让他们了解该用怎样的方式可以赚钱,例如帮助父母做家务或者是自己寻找"商机"。

妈妈,我可以赚钱吗?

孩子做好自己的本分就是帮父母赚钱了

我小的时候,从来没有过零花钱,所以上了大学,还不太会花钱,常常会买错东西。艰难磨合了很长时间后,才和钱之间有了比较深入的了解。

大人可能觉得如果给小孩子钱,由于小孩子的自制能力差,可能会乱花。或者怕孩子早早沾染了金钱的俗气,影响孩子的健康成长。

我是那种规规矩矩长大的小孩,我的思维是只有努力工作,才能够赚钱。付出的多,也会得到多的回报,没有什么天上掉馅饼的好事。

可是铁锤不这样想,他对钱似乎有一种天生的敏感,不仅仅是喜欢那么简单。他喜欢钱,因为钱可以买那些他想要的东西,但是他却不满足于这些,总想着用自己的聪明才智去赚钱,例如低入高出,赚取差价。

有一天我花了七块钱给他买了一盒他梦寐以求的薄荷糖,特别小的一盒,好像小首饰盒那么大。盒子上面镶满了粉红色的"宝石"。晚上他和他爸爸在一起打闹,一不小心他撞到了床头上,撞得不厉害,但是他却委屈地哭个不停。爱人说:"这个薄荷糖盒上有很多宝石呀,要是做成一个发卡,能卖到二十块钱!这盒薄荷糖是多少钱买的?"铁锤马上停止了哭泣,大声说:"七块!"那眼神好像马上就要和他爸把"宝石"加工到发卡上大赚一笔似的!

我发现铁锤对钱感兴趣,并不只限于买好东西上,而是他更关心钱的用途。

以往我们很少在铁锤面前提到"钱"。可是在这个世界上不论我们如何躲避,却总是离不开钱。

我想铁锤总是要离开我们,步入社会,对于钱,早一点点接触也是件好事。

我在商场买化妆品的时候得到了一个黑色的钱夹,我转送给了铁锤。后来,我们不定时地给铁锤零花钱,他都细心收藏。有时候我们去市场,他会很真诚地问我们是不是需要他提供一些钱。偶尔他也会提一下,说他的钱已经有多少多少了,再等多久就可以买什么什么了。

我还兑换了一些新的一元纸币,每天给铁锤一元钱。如果铁锤犯了错误,我会根据这个错误的大小从他的零花钱中扣除一部分,如果他有了新的进步,我也会考虑增加一些零花钱给他。这笔钱由他随意支配,任何人都不会介入钱的用途。我们说好该给他花的钱我都会像以往一样给他花,当然这都是在我能够接受的范围之内的。如果铁锤自己喜欢的东西,却又不是我们喜欢的,他就要用自己的钱来买。如果他买了以后,发现根本不适合自己,或者物非所值,那么我也不会再退钱给他。

因为他既然可以自由地支配这笔钱,也必须要独自承受他在投资上的失败。

他把每天得到的一元钱规整地放在他的大钱夹里,像葛朗台一样地

看护着。

变成"有产阶级"的铁锤比原来更好"管理"了。周末回家的路上,他在前面跑得飞快,我怎么也追不上,于是我大喊一声:"不要跑了,再跑就扣钱了!"他迅速掉转方向跑回到我身边。

不知道我给他钱是不是真的正确,但我认为钱是孩子早晚都要接触的东西,是人的一生中不能脱离开的。所以我不怕给铁锤钱,因为我知道只有真正地了解钱,才会更好地运用钱。

在我没有零钱的时候,他会根据我的需要借给我,同时还很大度地说:不用还了!

有时候在路上遇到乞讨的人,他也会用自己的钱去帮助别人。在街上那些带着孩子的看起来脏兮兮的老人,可能他们比我还有钱,但我相信在他接受铁锤的零钱时,心灵可能也会有那么一次颤动。或者他们是真正地遇到了困难,那么铁锤的一点点小的帮助或者可以温暖他麻木的心灵。

我觉得我给了铁锤钱,他也没有因此变成小财迷。相反,他能够用自己的钱去帮助别人,同时他还得到了意想不到的满足和快乐。

有一天铁锤问我,他怎样才能赚到很多的钱?

我希望铁锤了解"钱"的用途,但我不希望他片面地看待"钱"。

于是我这样告诉他:

不是只有长大了、工作了才可以赚钱,你现在就可以赚钱。

他很疑惑,因为他觉得自己还不具备赚钱的条件。

我告诉他,只要他好好学习,将来考入重点中学,妈妈就不会因为他分数低去求人花钱给他谋一个听课的资格。铁锤不生病,不打针吃药,也是省钱。这些省下来的钱,都是铁锤赚的。所以铁锤只要身体棒学习好,就可以给妈妈赚很多钱。

是呀,别看你年纪小,赚的可一点也不少!

幼儿园里的小商人

有段时间我经常在家里发现一些我不曾买过的零食,一天又看到了"勇气果子"和草莓派。我很疑惑,便问铁锤,这些东西是哪里来的?铁锤有点得意地回答我:"换的,和同学交换的。"

上幼儿园还换东西?那么铁锤是拿什么和人家交换的呢?

看我有兴趣,而且铁锤也觉得新奇,于是滔滔不绝地讲起来。

原来我们家里只有 mm 豆和牛肉干两种零食,于是铁锤和同学用一包 mm 豆换来了一张爆丸卡片,还用 mm 豆换过口香糖。一天他用一袋牛肉干和杜同学换了一个草莓派,又和韩同学换了一盒勇气果子糖。这样铁锤交换之后,他的零食种类就丰富起来。因为换回来的都是铁锤喜欢的东西,所以讲给我听的时候他很开心。

我问铁锤大家在换取东西的时候是根据物品的价值进行等价交换吗?铁锤的回答是否定的,他们的交换是简单的一对一,一样东西只能换一样东西。他们好像没有很明确的价值观念,全凭自己喜欢!我问他有没有小朋友在换完东西后又反悔的。他说韩同学今天就反悔了!因为铁锤用一袋牛肉干换了韩同学一盒勇气果子糖。韩同学把牛肉干吃完后又反悔了!我问铁锤怎么处理的。他说他拿出了其中的五粒糖退还给了韩同学,韩同学满意了。

我觉得铁锤很有成为一个儒商的潜质,他会变成有一定的文化修养,重视商业道德,能够把传统美德和由市场经济滋生的新的道德观念有机结合起来的那种人。

我忽然感觉铁锤他们幼儿园的环境和原始社会的某些方面非常相似!

原来,铁锤他们都是自己吃自己带去的零食,好像原始社会的氏族自给自足的生活。慢慢地,铁锤和他的同学们发现自己家的零食品种单一,便每天带上一两样,和同学换来其他的零食。这样可以使自己的零食品种更为丰富,像铁锤用 mm 豆换过爆丸卡,和原始社会的氏族用自己多余的小米换取其他氏族的生产工具一样。

看来,铁锤他们班里的经济模式是和人类的进步发展完全一致。由于没有货币的产生,所以大家只有交换为数不多的剩余价值。后来因为货币的产生,这种以物易物的自然经济模式宣告结束。因为大家都没有钱,不能够去买同学手里的东西,所以只有用自己手里的物品来有目的地交换。不知道幼儿园里这种以物易物的经济模式什么时候结束,我想一定会比人类的进步要快得多吧!

对于铁锤继续去幼儿园里以物易物,我没有制止。我觉得这也是小孩子的经济意识和投资素质的体现。是否具有敏锐的经济意识和投资素质对一个人的人生非常重要。这种意识和素质不是与生俱来的,而是后天培养出来的。

如果说让孩子认识纸币,然后拿着纸币去买喜欢的东西,是培养孩子的经济意识,那么铁锤的这种以物易物就属于投资的范畴了。他们不仅要权衡优劣,更要猜透对方的心思以保证交换成功。

虽然还处在原始社会的以物易物阶段,铁锤已经是个成功的小商人了!

第七节　孩子,妈妈是穷人

一个晚上,铁锤和我聊天。忽然他说他们班XXX的爸爸月薪一万元,然后铁锤问我的月薪多少,我觉得没有必要告诉铁锤我的具体收入,便随口告诉他我的月薪是一千元。可能这之间十倍的差距太大,铁锤一时无语了。后来他对我说这是自己的隐私,不想让同学知道。我问他为什么怕别人知道,他说妈妈赚得有点少,怕被人嘲笑我们是穷人。

以前我给报社的专栏写过一篇文字——《如何告诉孩子我们买不起》,当时我是费尽心思来达到编辑的要求,这下好了,类似情况轮到我

自己头上了。

我想了好久,给铁锤写了下面这样一段话。

爸爸妈妈的确赚得不多,是穷了点,可是妈妈并不觉得我们的穷有多丢人。因为爸爸妈妈赚的每一分钱都是我们干干净净地得到的。我们靠着自己的薪水给你买了房子,也让你接受最好的教育。从幼儿园到小学到特长班,我们都是仔细挑选从没有吝惜过金钱。适合你的电影和展览,爸爸妈妈从来没有错过一场,有特别喜欢的甚至领你看过三场。虽然我们没有让你锦衣玉食,但是我们凭着自己的能力也做到了让你丰衣足食。你穿的衣服不是名牌,可是每一件衣服都是妈妈为你精心挑选的。在物质上和精神上,爸爸妈妈都是竭尽所能地给予你。尽可能地抽出时间来陪伴你,早晨妈妈送你上学,爸爸接你放学,你是班级里为数不多的完全由父母接送、从不迟到一分钟的小孩。

在你的眼里我们可能是穷人,但是这已经是我们提供给你的最好的生活了。相比较路上的乞讨者还有奔波的一族,我们的生活还算是富足并且有尊严的,不论是物质上还是时间上。所以对于我们的收入和生活,妈妈还是满足的。可能妈妈对物质要求得不高,但这就是我对生活的追求。每个人对生活的追求都不一样,我希望吃饱穿暖一家人平平安安、相亲相爱就够了。这是妈妈能提供给你的生活,如果你长大后否定妈妈的这种生活理想,那么你可以凭借自己的本领去赚很多钱,去追求自己的生活理想。那是属于你自己的生活,当然妈妈也不会去干涉。

你要知道不论是妈妈月薪一千还是月薪一万,我们都不会是最有钱的人。在我们的生活圈子中总会有人在金钱上比我们更富有,所以,我们永远不可能拥有最多的金钱。如果只是为了和别人攀比而拼命赚钱,那么他的人生将会失去很多更有意义的事情。金钱的确可以为我们做很多事情,吃必胜客、看电影或者旅游。但是也有很多事情是金钱所不能达到的,例如我们今天的平静安逸生活,例如我们彼此这种亲密无间的母子感情。如果有人让我放弃这些去换取这世界上最多的金钱,妈妈会不假思考地拒绝他。

虽然没有给你最富足的物质生活,但是爸爸妈妈给了你最真挚的爱,这是我们唯一能够做好的了。

而且妈妈觉得目前你还是个学生,没有人会因为你是穷人而瞧不起你,更何况咱们也没有穷到要别人怜悯的程度,如果你的学习够好。只要你认真学习,多吃饭,加强锻炼,妈妈相信你会成为一个非常有魅力的男孩子。只要你用心阅读、努力学习,不断地丰富和完善自己,相信你最终会拥有实现自己理想生活的本领。等你长大之后,你慢慢地会发现什么才是你真正想要的生活,妈妈祝福你梦想成真。

第八节　永远都是小婴儿

我们都记得婴儿的那一双眼睛,黑黑的,圆圆的,认真又好奇地打量着这个世界。那双眼睛好像要知道这世界的所有神奇和奥秘。

永远都是小婴儿

孩子一天天长大,却变得越来越不听话。绘画、钢琴,好多对他有益的练习,他却表现出厌烦和倦怠。我们很着急,明明有着很好的天分,如果就这么放弃了学习,实在是可惜!可是光家长着急也无济于事,我们又不能代替他坐在那里学习。

我们还记得婴儿时期的他吗?那时候的他多么可爱呀!三个月的他,常常盯着自己的手看,从不厌烦;四个月的他,只要我们一晃动摇铃,他便会兴奋地循着声音寻找;五个月的他,只要我们将双手放在他的腋下,他就会不知疲倦地又蹦又跳;六个月的他,只要我们的嘴巴在动,他便会全神贯注地盯着我们嘴里的美味;一岁时,他努力地说出"妈妈",并且认真地反复地练习。好长时间他都是扶着物品走,终于有一天他勇敢地松开了手,自由地迈出了第一步。终于他能够清楚地说话了,每天

总有问不完的"为什么",什么东西都想尝试。我们放在厨房里的一块新香皂,也会被他偷偷地咬上一口,尝一尝"味道"。

当时他是多么爱尝试的小孩呀!他为什么变成了现在这个样子呢?是因为他长大了,什么都懂了吗?

其实,这一切和长大没有关系,只是他的心不再好奇了。没有了好奇心,就失去了探寻的欲望。

勤奋的学习,只能及格;而带有好奇的探索,才可以出色。

孩子对学习没有兴趣,不怪孩子,怪我们家长没有激发他那根好奇的神经。

在我和铁锤欣赏水粉的时候,我们都很惊讶,不过是普通的画笔,普通的颜料,普通的画纸,浓浓淡淡,怎么就组成了这么一幅美妙的画呢?真是神奇呀!我们栽种了一株含羞草,伸手触碰,两排叶子就像两只手掌一样紧紧闭合,自然世界真是神奇!那些黑黑白白的琴键,却能发出不同的声音,连接在一起,就是一曲美妙的乐曲!还有海边的那些贝壳,上面为什么都有一个小孔呢?只要捡起来,就可以穿成一条美丽的贝壳项链!生物真是神奇!

因为神奇,他总想探寻究竟;因为神奇,他便格外地想学习,想掌握。

正所谓苟日新、日日新、又日新。

由于我们在前方为孩子展示了种种神奇,使他的眼睛好奇,心灵单纯,头脑不停地思考。像几年前,那个小小的婴儿,欣喜地打量着这个世界。

一个人,只有保持婴儿看世界的状态,才能够很好地学习。小孩这样,成年人也一样。

我愿意我的铁锤长得又高又壮,像个英雄。同时也希望,他的心灵又能像婴儿一般好奇、单纯、执著。

第九节 打乒乓球给我的启发

现在,很多孩子都在学习特长,铁锤也学习了声乐和乒乓球。这是他为自己选择的体育项目,因为他觉得打乒乓球的男生特别帅。三年多下来,给了我很多启发,让我脑袋里的那些固有观念发生了天翻地覆的变化。

固有观念一:不爱运动的父母不可能生出一个喜欢运动的孩子。

因为我超不爱运动,我爱人也好不到哪里去,铁锤从小到大也是非常坐得住、很静的性格。在我们的心里如果铁锤喜欢绘画、音乐这些都是在意料之中,所以当他提出要学习乒乓球的时候我们都没太当回事,觉得这不过是小孩子心血来潮。过了一段时间,铁锤依然还是喜欢,我们给他找了教练开始正式练习。没接触过乒乓球的时候铁锤喜欢,打了一段时间,铁锤更是喜欢。

所以我们家长不要用固有的眼光看孩子,我觉得铁锤静,可是他骨子里偏偏喜爱运动。孩子大多和父母很像,但总有那么一两根神经"离经叛道",给你意外惊喜。

固有观念二:有好的天赋才能有好成绩。

我们家长在给孩子报特长班的时候常常会问老师这样的问题:你看看我的孩子有这方面的天赋吗?希望对方给自己一个肯定,然后好有信心和勇气和孩子继续走下去。铁锤在开始上乒乓球课的时候笨得要命,老师都着急了。旁边一个练习的小男孩天分特别好,上了几节课就能和教练打几十个回合。旁边的教练都很惊讶,说他天分好。我在旁边也急,想着我们这样练下去到底有没有必要,毕竟天分差。可是过了几节课,那个天分好的孩子就开始"厌学",一小时的课有半个小时教练在做心理工作,他连球拍都不摸。到了下半节课,他终于拿起了球拍接球,可是眼睛都不看球,随意地挥拍。家长和教练都着急,可是他就是这样,谁也没办法。几次之后那个天分很好的小孩就不来上课了,作为家长我们都感到惋惜。

孩子学习特长,天分的确重要,但是一如继往的努力更为重要。

固有观念三:学习特长只是一种锻炼,不追求成绩。

常常听到身边的家长说让孩子学习特长,不为了他能有一个多么好的成绩,只是一种锻炼而已。学习舞蹈是为了女孩子有个优雅的气质,男孩打乒乓球就是为了强身健体。可是在铁锤学了乒乓球以后我的观念发生了变化。我有一个做钢琴教师的朋友,她对我说很多家长在开始的时候都没想过强迫孩子有什么样的成绩,但是在学习的过程中家长的心态都会发生改变,在一对一授课的时候有妈妈抬起脚来就去踢孩子的情况也时有发生。在铁锤学乒乓球的时候也如此,我和爱人对孩子真没有要求,只希望铁锤能够多一些有氧运动的机会,掌握一门体育项目。但是教练不这样想,他对自己的学生是有要求的,因为教练有自己的教学方案,只要学了,就要求你学好。昨天我和爱人说教练挺严格,他说这要是专业队估计鞋底子都得抡上了!

学习特长也是一种学习,只要开始了,就要认真对待,不能拔苗助长,但也不能放任自流、不管不问。

固有观念四：父母最了解自己的孩子。

我一直都觉得和孩子在一起的时间久，而且我也比较用心，所以我很了解铁锤。但是通过铁锤打乒乓球我发现了，其实很多时候我们根本不了解孩子。在我面前铁锤是柔软的甚至是娇气的，但是在打球的时候铁锤特别有韧性和耐力，非常珍惜每次的上课机会，下课以后他还自己练习发球。教练说铁锤的身体硬，但手感特别好，我很惊讶，在我心里铁锤没有一点运动天赋，怎么还有好的手感呢？后来我明白了，因为我们做父母的不是样样都专业的全才，不可能客观全面地看待自己的小孩，所以机会对于孩子非常重要。

作为家长我们不应该凭借自己的所谓经验过早给孩子下结论，多给孩子机会，他们可能会带给我们意外的惊喜。

那句话说得真对，兴趣是最好的老师。铁锤在绘画和表演上都很有天分，但是他并没有很感兴趣，每次上课都要我们催促，但是乒乓球课不同，每次上课他都表现得非常兴奋、主动，我们家长也因此减少了很多负担。

我们也不知道将来学业繁重，铁锤还会学习多久的乒乓球，但是我很开心能找到一项让孩子喜欢并愿意坚持的一项特长。

第十节　我是小小男子汉

昨天他还是一个说话嗲声嗲气的小孩，今天可能他就是一个小小的男子汉了。

一天下午，铁锤说他不想睡午觉了。天气又冷，也不能长时间地在户外活动。我们灵机一动，去华臣看电影。

每次去华臣，铁锤都要在道里菜市场那里买上一根黑椒烤肠，这次也不例外。他拿着烤肠咬了几口，然后说剩下的留到看电影的时候再吃。因为只有乘坐观光电梯才可以直达四楼的影院，所以在观光电梯前等待着很大一群人。等到电梯来的时候，大家一拥而上，等上了电梯后，我看到铁锤手里的烤肠只剩下一根光秃秃的竹签子了，烤肠不知道跑到哪里去了？我很担心他生气或者伤心，问我再要上一根。那样的话我就不得不再去一楼给他买。我想我该好好地劝慰他，然后顺利地看完电影。可是我那些劝慰的话还未说出口，他却一脸高兴地说：妈妈，烤肠丢了也没问题，它的味道都留在我嘴巴里了。那时候，我觉得我的铁锤长大了，变得豁达而幽默，是个随机应变不惧怕风雨的小男子汉。

我想起一个月以前发生的一件事。

那也是一个周末。因为铁锤的拖鞋小了，我们去沃尔玛买拖鞋，看到有新出炉的比萨，就给铁锤买了一块。付完钱，铁锤伸出手想把比萨拿在手里，可一不小心，比萨从盒子里掉落下来。铁锤被这突如其来的一切吓蒙了，一只手拿着一只拖鞋遮住了脸。我安慰他不要紧，我们可以回去重新拿一块比萨。等我们又挑好一块比萨后，他问我，这一块是不是还要再付钱，我回答说要的。他马上又拿拖鞋遮住了脸。我知道他一定是因为自己的失误感到自责和不安，我知道这种失误是很正常的，孩子没必要有心理负担。我对他说，比萨掉到地上这件事情，妈妈也有责任。因为我没有事先告知孩子那个比萨的包装盒不结实，所以比萨才跑了出来。当然孩子也有责任，因为他没有抓牢。但是妈妈的责任是很大的，铁锤只有一小部分。听我这样说完，他才稍微地轻松些。为了让他心里彻底地没有障碍，一路上我都让他拿着比萨。起初他无论如何也不肯，经过我不断地鼓励，告诉他手该放在什么位置后，他才肯伸出手来拿。一路上他的姿势都很僵硬，很怕比萨再度掉落下来。回家后，比萨明显没有往日吃得多，而且他叮嘱我这件事不能和爸爸说。看来，在他心里依然是很自责的。

一个孩子，不能够什么事情都无动于衷，但是也不可以过分地看重

这些,可能都和我对铁锤的严格要求有关。我一直严格地要求他,所以他也很严格地要求自己。在接下来的日子里,我有意识地常对他说"没关系""放轻松",希望他小小的心灵不要有负累。

当今天听到铁锤说虽然烤肠没了,但味道还留在嘴里的时候,我很开心!我觉得这样的话只有心理健康、内心豁达、性格幽默的小孩才懂得如此地表达。小孩子真是有趣呀,才短短的一个月时间,就可以有这么大的变化!

我知道为什么大家都喜欢小孩了,因为他的身上有着太多的可能。他们的明天因为未知,所以让我们格外期待。

沏一杯香茶

我一直都有喝茶的习惯,随着季节的不同,茶的内容也不相同。从夏天的绿茶到冬天的红茶,从不间断。

哈尔滨的夏天来得很晚,却很火爆。6月的天气会很干燥,每到这个季节,我会在绿茶里面放上一点儿金银花、麦冬、红枣和菊花。偶尔咽喉痛,我还加上一粒胖大海。为此我准备了一个透明的大杯子,每晚睡前,我从每个小罐子里像老中医抓药一样的每样拿上一点儿。第二天在办公室里注入开水就可以喝了,很方便的。

有一天,三岁的铁锤看着我的那些瓶瓶罐罐很是好奇,问我在做什么?我告诉他是妈妈在装明天要泡的茶。他看着那些瓶子上的标签一一念道:金银花、麦冬、菊花,他不明白妈妈为什么要在茶叶里放进这么多东西,然后我耐心地告诉他:在我们国家的中医学里,金银花呢,是清热去火的,有的牙膏里面也有这种东西的;麦冬呢,也是同样的作用;菊花就是明目的,可以让我们的眼睛更明亮。铁锤睁大了眼睛,仔细听。同时,他还拿起一朵菊花放在手心里看,后来他说:"妈妈,真的是一朵菊花呀!"我说,它是真的菊花,除了美丽,它还对我们有大用处呢!就像红枣,不只是甜丝丝的好吃,还可以补血呢!铁锤听得入迷了,以前他只知道生病了要吃药,而且还是苦苦的药。没想到,还有这么多对身体有用

的东西不仅不苦,而且模样还很好看!

忽然他说,妈妈,让我来帮助你装,好不好?当然好了!只见他用胖胖嫩嫩的小手非常认真拿起两颗红枣,三朵菊花,四粒麦冬,五朵金银花,分别装进杯子里,最后又抓了一小把绿茶。前后一共用了十几分钟,比我装得慢多了。可是看着他那副认真的模样,你一定会以为他在做一件至关重要的大事情。完成后他得意地回过头,说:"妈妈,还是有孩子好吧!不然你就喝不成茶了!"我马上说:"是的,要是没有铁锤帮妈妈装茶,妈妈明天一定会渴的!"

第二天我在办公室里喝到了铁锤为我装的茶,还是一样的内容,却有着不一样的甘甜。

从此以后,每晚帮我装茶成了铁锤的必修课。

为妈妈准备茶,不仅可以练习数数字,重要的是,让他学会去爱身边人。

我想在铁锤小小的心里,一定是很有责任感的:他要照顾自己的妈妈。因为没有他,妈妈是会渴坏了的。

第十一节　牵着我的手的你的手

两三年后他的身高一定会超过我,我也会慢慢老去,驼背弯腰、鬓染霜华,但是他成长的每一个瞬间,我都和他一起走过,并深深地记在心间。这些经历,是我人生的珍宝,我会好好珍藏,留到夕阳老年,静静回味,细细品尝。

三年级开学第一天,我非常失落。

站在我站了两年的铁艺门外,铁锤依旧在我的注视下走进校园,和以往不同的是,他一次没有回头地走进了教学楼。我很奇怪,想他是不

是不高兴了？然后我把他从起床、早饭、到学校这一个小时的时间在脑海里细细梳理了一下，好像也没什么不开心的事情发生。晚上回到家后，我问他早上有不开心吗？他轻描淡写地说没有。我说那为什么没有回过头来和妈妈挥手告别呢？他不好意思地笑了下说是忘记了。我告诉他以后要注意，因为妈妈在你后面看着呢！

第二天早上，还是在铁艺门外，我看见三年级的铁锤走在校园里已经是大孩子了，身体的比例和以往也有不同，书包也不显得那么大了。一路上不再左顾右盼看是不是有熟悉的同学一起走进教室了，相反一个人旁若无人地大步子走着。忽然间他回过头了，像想起了什么一样，微笑着和我挥着手，然后消失在我视野之外。后来的每天，他都是这样尽义务地和我挥手，和一、二年级的时候，走着走着，猛地回头灿烂地微笑，用力地朝我挥手，完全不同。而且他走路的样子也有了变化，好像更坚定，也更从容更有速度。完全是一个少年的样子了！

现在铁锤的小臂和我一般粗细，甚至手腕比我还要壮实些。夏天能够穿我的T恤，鞋子比我小两个码，和我穿一样大小的袜子。去年冬天我下狠心买了一顶特酷的帽子，结果一次未戴，他倒是戴了一个冬天。

昨天早上我们牵着手上学，向右面一看铁锤刚好到穿平底鞋的我的肩膀。这么多年我们牵手，都是有变化的。最开始，我是弯着腰去牵铁锤的小手，他的手那么小，以至于只能握住我的一根手指头。为了够到我的手指头，他需要将自己的手臂高高举起。慢慢地，再和他牵手的时候我的腰可以直起来了，但他还是要高高举起自己的手臂，他也可以握住我的手掌了。后来，他手臂抬起的角度越来越小，慢慢地，我们两个可以都垂着手臂牵手，他的手也越来越大，只比我的手掌短一节手指。现在我们并肩走的时候，他会伸出左臂将手环到我的左腰，我用我的左手握住他的左手，转过头看他笑！有时候铁锤还会将他的左手放在他的腰间，然后坏笑着对我说：那个女人过来，挽着男人胳膊走！

两三年后他的身高一定会超过我，我也会慢慢老去，驼背弯腰、鬓染霜华，但是他成长的每一个瞬间，我都和他一起走过，并深深地记在心间。这些经历，是我人生的珍宝，我会好好珍藏，留到夕阳老年，静静回味，细细品尝。

前段时间拍外景，摄影师用镜头对着铁锤看了一会儿后，转过头来很感慨地对我说：这张脸和你真像，就是脸上肉比你多！是呀，有一个和自己很像的小孩，好像拥有了一次可以重新长大一次的机会，那是多么幸福的一件事呀！

谢谢你，铁锤，今天，让我可以牵着你的手。

第十二节　和你一样又那么不一样的小孩

上学期我和铁锤聊天，他说他每天中午都会把自己带的最好的那一道菜给老师送过去一勺。听到这里，我很吃惊，我问他是谁让他把菜送给老师的？他说没有谁呀，是他自己想的。我更吃惊了，我想起了自己小时候。那时候在路上遇到妈妈的朋友或者同事，让我叫叔叔和阿姨，我都脸红红的张不开嘴巴。这让妈妈觉得很尴尬，总是说我不懂礼貌。其实我真的知道我该叫对方什么，也知道这样不说话不对，但是就是张不开嘴。妈妈越说我我便会越紧张，最后索性一字不说了。真无法想象，当年那么一个羞报的小女孩长大后会有这样一个完全不同的儿子！那时候别说是让我把午饭分给老师了，单是让我和老师说点事情都要妈妈在家里训练好，然后面红耳赤地结结巴巴地才能够表达完。

有时候，我这样静静地看着铁锤，开心的同时，还深深地感到一种神奇。

我是他的妈妈，他是我生的小孩。两个月大的时候，我的朋友来我家看我，看见铁锤后她说这孩子和我长得太像。我说哪里像？她告诉我说表情和眼神最像。后来铁锤一点点长大，常常他会说出一句话，听得我很惊讶！我在心里想，这句话换做我也会这样表达！很多次，我们都是不约而同地说出一样的话，内容、语气，甚至说话时的嘴角，向上扬起的眼睛，都一模一样！铁锤和我的肤色接近，甚至脸蛋上那一抹淡淡的

粉红也那么像!我们都不爱吃酸味的东西,喜欢甜食。而且我们都喜欢手工,迷恋各种新奇玩意儿,喜欢看网上的搞笑视频,听旋律舒缓的歌曲,甚至高兴的时候都有跳到地板上扭动身体的习惯。爱人说我们两个恶趣味,可是我们连恶趣味都这么相似!

有时候我想我的小孩之所以这么像我,是因为在他人生最初的十个月里一直在我身体里,朝朝暮暮,所以我的思维方式和生活习惯都潜移默化地感染了他。不过让人诧异的是,在我们这些相同之中还有那么多的不同。有几次他上完美术课回来都告诉我说他的黏土作品上去展览了,我喜欢画画,我也希望他和我一样爱上绘画。不过他的画很普通,他也不太喜欢。但是他捏的黏土作品特别棒,用我妈妈的话说铁锤捏出来的辣椒逼真得可以放在锅里炒!我不喜欢黄绿色系的衣服,他超级喜欢绿色的衣服,同样的款式,只要绿色的那一件。一件外套,不论样子如何,只要是绿色的他就喜欢!这个和我完全不同。我胆子小,凡事都要准备好,思维条条框框。但是铁锤不同,我小时候怕的他都不怕。我怕老师,怕做错事,怕老师批评,只要老师说的话我一定是要听的,在我心里老师的位置高于爸爸妈妈。但是铁锤不是,例如马上要到学校了,发现红领巾没戴,他不会让我在学校门口买上一条,而是把自己的夹克衫拉链拉到最高,说:这样伪装一下,让老师感觉我里面有红领巾!每每看到他这个样子,我都会想这是我的小孩吗?我怎么生出来这个样子的小孩了呢?

就是这样一个小孩,他来自我的身体,和我那么相同却又那么的不同。

我们有着一样的眼神,一样的尖尖下巴,一样阳光又内敛的笑容,却有着完全不同的心态和兴趣爱好。

生命,真的很神奇。
给你延续,也给你惊喜。

第四章
外面的世界——幼儿园

每个人对幼儿园的要求都不同，你可以先在心中勾画一个幼儿园的样子，然后问问自己想让这所幼儿园能够带给你的宝宝什么东西。这样你带着自己的要求去寻找，一定会找到称心如意的幼儿园。

还有一点我们要明白，没有一家幼儿园是完美的，它们多多少少都会有一点缺憾。只要这些缺憾不是硬伤，我们都能够接纳。很多孩子几乎每年都要换幼儿园，到头来却没有一个是称心的。因为他们的家长不能够用一颗平和的心去看待幼儿园，始终用挑剔的眼光看待幼儿园，最终吃亏的还是自己的小孩。

第一节 我这样为铁锤选择幼儿园

孩子过了两岁，选幼儿园就成了父母的一块心病。现在的幼儿园花样繁多，是选双语幼儿园还是艺术幼儿园？是要去公立幼儿园还是私立幼儿园？有的城市还有了"天价幼儿园"，很多父母都不知道该把孩子放在哪一所幼儿园里自己才可以放心。

孩子是幼儿园最有说服力的名片

常听妈妈们抱怨：我的要求也不过分，怎么就给宝宝找不到合适的幼儿园呢？

的确，幼儿园是孩子离开家庭迈入社会的第一步，很多孩子在入园的时候还很小，甚至不能清楚完整地描述一件事情的经过，到底一家怎样的幼儿园才能够让我们放心地将孩子托付呢？什么样的幼儿园才是合适的呢？

有段时间，总会接到一位朋友的电话。说来她也是个有故事的人。非常坚定地丁克了十几年，40岁上忽然决定要孩子了。战战兢兢，终于母子平安。她那么纤瘦的身材，还有很好的母乳，竟然坚持母乳喂养了13个月，孩子长得又大又壮。现在也到了要上幼儿园的年龄，为了找一个最称心如意的，满哈尔滨参观幼儿园。满身疲惫的时候想起了铁锤毕业的幼儿园，打电话给我们询问这里的情况。

她的咨询让我有机会给铁锤的幼儿园作一个评价和总结。铁锤在这里学习了三年多，从2006年3月9日入园到2009年7月31日毕业。铁锤只上过这一家幼儿园，我们也从没去别的幼儿园参观过。

我告诉我的朋友，不论幼儿园的前台接待人员说得如何天花乱坠，你要在自己心里有个标准。在我们家长的心里对幼儿园肯定是有要求的，要求膳食均衡营养，要求有英语、钢琴这类的特色教育，要求社会活动多，或者要求幼儿园离家近等等。在三年前，这家幼儿园的收费算是"高昂"的了，几乎是公立园的两倍。因为这家幼儿园离我家最近，来往的路上只过一座天桥，接送方便，所以我们就为铁锤定下了。我没有再去其他的幼儿园进行比较，因为我们对幼儿园的所有要求，这家幼儿园几乎都满足了。

我们在为孩子选幼儿园的时候，常常会问一个班级有几个老师，有没有户外活动场所，有没有英语教学。我们关注的东西都能在幼儿园的宣传单上看到，是很容易被量化的，但是这些并不能反映出一所幼儿园

的水平与特色。我们家长要看的是从这所幼儿园里走出来的孩子的谈吐、气质、知识面，这些走出来的孩子才能够真正反映出一所幼儿园的精髓。幼儿园的硬件设施不过是吸引人的摆设，而教育理念才是最主要的。

一所幼儿园好像一家作坊，师资、设施这些就是作坊里面的工人和工具，这些我们都要看，但是我们最应该关注的是这家作坊里生产出来的产品，也就是这所幼儿园里毕业的小孩。只有这些出厂的产品才能够代表着幼儿园的真实水平。判断一所幼儿园的优劣，只有到放学的时候看看那些从幼儿园里走出来的小孩，你才能够真正地了解。因为几年以后，你的宝宝将会是今天的他们。

铁锤就读的是一家以英语为特色的私立幼儿园，除了大中小班，还有两岁以下的小小班。我身边有的小孩一直在读公立的幼儿园，我也和他们的妈妈交流过幼儿园的情况。我觉得私立幼儿园更为灵活。公立幼儿园的小孩都很规矩，而在铁锤的幼儿园他们都叫老师的名字。每年母亲节，铁锤都会带回来一枝康乃馨和一张小卡片。还有一点我特别欣赏，无论大小晚会，所有的孩子不论能力如何，都有表演的机会。而且无论孩子的能力如何，都是合唱、群舞，没有一个节目是单独的表演，除了报幕以外。所以所有的小孩都觉得自己的唱歌、舞蹈很棒，对唱歌、跳舞也都报有很高的积极性！

前几天铁锤和同学出去玩，我给他们拍了些照片。同事看了说："这个幼儿园的孩子都长得挺好看的呀！"我细细端详，这四个孩子里没有一个大眼睛双眼皮的，身材也都适中，他们之所以看起来好看，是因为他们有自信、开朗的性格，有大方、优雅的谈吐，所以才可以有着阳光般的面孔。

去到幼儿园看看那里毕业的孩子吧，然后再好好选择幼儿园。

第二节　适合的才是最好的

我想对妈妈们说，在你为孩子选择幼儿园之前，一定在心里对幼

园有一个大概的勾勒,它的教室大小,老师的态度,甚至一日三餐是否营养搭配,你肯定都是有要求的。所以照着你的要求去寻找幼儿园就好了。别人如何说你都不用在意,因为别人不了解你的小孩。只要满足你的要求的幼儿园,就是适合你家宝宝的幼儿园。

很多人问我,小桥姐是怎么给铁锤选的幼儿园呢?

我就是按照上面的方法选的幼儿园,而且铁锤一上就是三年半,再也没有换过。

我当时对幼儿园有三个要求:第一是要离家近,第二要有英语教学,第三学校要具有一定的规模,太小的幼儿园即便吃得再好我也是不考虑的。

之所以要离家近是因为我们接送起来方便,省去了很多在路上的时间。天气好的日子还好说,一旦刮风下雨离家近的优势就很明显了。

我坚持为铁锤选一家有英语教学的幼儿园,是因为我觉得语言还是早学为好,三岁的铁锤已经熟练掌握了母语,此时是学英语一个比较好的时机。如果在外面给铁锤报一所幼儿英语学校也可以,但是就要占用我们宝贵的周末时间,所以能在幼儿园完成英语学习是最好不过了。当然不是所有的双语幼儿园都可以,在试听的时候我也仔细考察了幼儿园的英语教学模式,和英语老师聊过,所以才放心地选择了对方。当然也有家长要求幼儿园一定有特色教学,例如钢琴教学、乒乓球基地等等,因为每个家长为孩子规划了不同的成长道路,所以他们对幼儿园的要求也不尽相同。

还有我希望我的小孩要在具有一定规模的幼儿园学习生活。不是说规模大的幼儿园绝对地好,但是规模毕竟也反映了某些问题。举一个不很恰当的例子,就像我们在大商场里买了一件衣服,回家发现不合适,拿着单据就可以退掉,但是在某些小店面就不行,即便可以退掉也是要费一番口舌。究其原因大的商场更珍惜自己的名誉,不会为你一件商品毁了自己长期建立起来的良好口碑。幼儿园也一样，一所幼儿园能够保持几年的好生源、好声誉，毕竟有它的道理。不像小区里面的小作坊式的幼儿园，今天有明天无，价格方面是有优势，但是总是难免提心吊胆。很多家长选择小区里面的小幼儿园，原因是孩子少、吃得好，我就很纳闷，"吃"固然重要，但是孩子上幼儿园难道就是为了"吃"吗？哪一家大幼儿园都不会在孩子吃的上面掉以轻心的，尽管可能饭菜的味道不如家中的好，但是营养搭配是肯定的。我们在很多活动或者晚会上，都会看到有幼儿园小孩的节目，细心的你可能会发现这些孩子几乎都来自于大幼儿园。为什么呢？因为大幼儿园比较注重这方面的教育，同时他们也具备这样的实力。这些锻炼的机会是小幼儿园所不具备的。可能有些妈妈会问那么就都上天价幼儿园吧！天价的自然物有所值。但我觉得量力而行这句话用在育儿上非常适用，根据我们的条件选择最适合我们的那一个幼儿园，才是对的。

也有妈妈会在公立幼儿园和私立幼儿园之间纠结，不知道哪一个更好。在我选择幼儿园的时候，真的没有考虑到这个体制问题。在大家的固有印象里公立幼儿园似乎更加正规，其实私立幼儿园能保持多年的好口碑自然也是有它存在的道理。相反我倒觉得私立幼儿园的老师不是"铁饭碗"，相对更珍惜自己的工作，所以在对待孩子的态度上也相对用心些。而且我个人觉得私立幼儿园的制度更加人性化，像铁锤就读的幼儿园每年圣诞节那一天大家都不上课，可以楼上楼下玩，甚至可以和老师"打闹"。母亲节和父亲节会送给小朋友每人一朵康乃馨，还会教孩子衬衣要塞到裤腰里这些细节问题。

每个家长对孩子的要求都不同，有的家长希望孩子在幼儿园里能够规矩纪律、多学知识，为上小学做好准备，所以她们选择公立园。我希望铁锤能在幼儿园得到更多的关爱，个性得到张扬，所以我选择私立幼儿园。

每个人对幼儿园的要求都不同，你先在心中勾画一个幼儿园的样子,然后问问自己想让这所幼儿园能够带给你的宝宝什么东西。这样你带着自己的要求去寻找,一定会找到称心如意的幼儿园。

还有一点我们要明白,没有一家幼儿园是完美的,它们多多少少都有一点缺憾。只要这些缺憾不是硬伤,我们都能够接纳。很多孩子几乎每年都要换幼儿园,到头来却没有一个是称心的。因为他们的家长不能够用一颗平和的心去看待幼儿园,始终用挑剔的眼光看待幼儿园,最终吃亏的还是自己的小孩。

第三节　选择了,就要相信

幼儿园里的监视器

父母想每时每刻都可以看得见自己的小孩,想知道孩子是不是开心,有没有被欺负,于是幼儿园抓住了家长的心理,在教室里面安装了摄像头。

在给铁锤选择幼儿园的时候,我们就知道了有的幼儿园可以实现网上监控。只要通过互联网,就可以看到孩子在幼儿园里面的一举一动。由于种种原因,我们为铁锤选择的幼儿园没有实现网上监控,但是在幼儿园一楼的大厅里的不同角落,分布着几台电视。电视的画面定时切换,可以监控到每一个教室里面的情况。我发现有固定的十几位叔叔、阿姨,每天准时地出现在不同的电视前面,时刻关注着自己的宝宝在电视画面里的每一个细节,一看就是一整天。为了打发时间,有的阿姨就一件一件地打着毛衣。开始的时候,我也每天在电视前面寻找着铁锤,只要铁锤出现在电视画面里,我的目光就紧紧地追随。关注他是不是高兴,有没有被小朋友排斥,有没有被老师训。如果铁锤的小小身影没有出现的话,我的心情就会突然地落寞。有几次,我还认错了人。因为那么大的小男孩几乎都留着小平头,小脸都胖乎乎的,身材高矮又差不多,要是再穿上颜色相近的衣服,很容易弄错。

这样监视了一周以后,我看到每天铁锤都很有规律地学习、休息,晚上回家以后也非常开心。看着铁锤,忽然觉得自己的监视行为完全没有必要。不论我是不是在下面看,老师都一如既往地教授,铁锤也是一样地学习玩耍。我们做父母的之所以有要去监视的心理,就是怀疑老师,对老师不信任,怕她对我们的孩子态度不好。我们心中存在着一个假设的景象,有一个凶神恶煞的老师,张牙舞爪地扑向我们的小孩。我们害怕这样的事情发生,于是我们就去监视。看那个在我们家长面前温柔可亲的老师,会不会转过身就换上了一副狰狞的面孔?

那个小小的监视镜头,透出了我们心理的阴暗。这种阴暗会变成一条条的小虫子,侵蚀我们的心灵,也伤害了老师的心。

如果我是那位老师,一定在内心排斥那些在楼下监视我的家长。因为只有不信任老师,才会去监视。

我想,我们既然选择了一家幼儿园,就要相信它。我们把孩子托付给一位教师,我们也应该相信她。

在孩子成长的道路上,家长和幼儿园、老师都将是亲密的合作伙伴,而不是你追我躲的敌人。

所有的妈妈都是敏感而多疑的,曾几何时,我恨不得再生出一双眼睛来,这样铁锤不在我身边的时候,我也可以知道他在做什么,心情好不好。现在,我不这么想了,只要我开始相信幼儿园,相信老师对铁锤的关爱。那种关爱不是妈妈对孩子的溺爱,而是一种更平等更广博的大爱。因为相信,让我这颗做母亲的心,前所未有的轻松。

选择了这家幼儿园,就一定要相信它。相信它可以为你的孩子提供合适的环境、良好的教学,相信老师会像你一样去爱你的孩子。

如果你做不到相信这所幼儿园,那么最好的方法不是去监视,而是

应该马上给孩子换一家幼儿园。

交换日记

所有的妈妈都爱自己的小孩。在妈妈眼里,孩子比世上的任何一切都重要。

只短短几天,铁锤就适应了他丰富多彩的幼儿园生活。

可是对于我——一个对孩子过分细心的妈妈,我曾经听过好多什么要给老师送礼物呀,不然老师会对你的孩子"另眼看待",什么新生会被老生欺负了之类的信息。由于脑袋里被这样的东西填满了,所以,我总是想知道孩子每时每刻在幼儿园里发生什么,有没有被老师教训,有没有被小朋友冷落或欺负。每天晚上我都要仔细地盘问铁锤,有没有被老师说,有没有被小朋友打之类的问题,每当在铁锤给了我否定的答案后,我又想可能即便被打了他也说不明白的。于是,在铁锤上了幼儿园后,我没有马上回单位上班。相反,我几乎每天都要到幼儿园里的监控录像上去看铁锤在教室里做什么,每当镜头对准铁锤时,我都瞪大了眼睛看铁锤是否被老师训斥。直到看一切相安无事时,我才长长地松了一口气。

直到有一天,我去幼儿园接铁锤回家,在监控录像里看到铁锤他们正在吃饺子。看着他认真吃饭的样子,我很开心。可是这时,忽然他旁边的老师一下子把铁锤的勺子抢走了,等我再仔细看时,镜头已经转过去了。我的心里说不出是什么滋味,为什么抢铁锤的勺子?为什么不让我的孩子吃饱饭?

等到晚上的时候,我从铁锤的书包里掏出了他的交换日记。这是他们幼儿园用来和家长交流用的,老师会把这一天孩子在幼儿园里发生的大事情或者是他学习的内容写在上面。这一天,我实在是压不住火了,于是我在交换日记上很委婉地表达,孩子吃饭慢,老师应该和他耐心地讲道理，为什么老师会在铁锤吃饭的时候抢走孩子的勺子？说实话，那一晚我都没睡好，我每个月花那么多钱把孩子送到幼儿园，为什么我家小孩连吃饱饭的权利都没有呢？难道就是因为我没有给老师送礼吗？

第二天铁锤回到家，我迫不及待地把交换日记拿出来。看到里面有老师写给我的一封信：很抱歉，让家长误会了。由于当天是吃饺子，而饺子又比较烫，所以她拿过铁锤的勺子帮他把饺子切开。而不是我所理解的抢孩子勺子不让他吃饭。因为之前听过太多关于幼儿园老师凶狠的信息，所以在心里总是有那样的阴影，当我看到老师拿过铁锤勺子的画面时，首先想到的就是她不让铁锤吃饭。

刹那间，我忽然发现了自己内心的那个"小"来。

后来，即便我有时间，我也不会去看幼儿园的监控录像。因为我知道既然我选择了这家幼儿园，我就应该相信这里的老师，所以我不会坐在那里监视他们。

每当有什么事情的时候，例如铁锤感冒要喂药了，今天要给他多喝水了，早上没有大便了，类似这些我都会写在交换日记上。而每天铁锤回来后，那本交换日记上都会回复"药已喂"等字样。时间久了，铁锤在幼儿园的生活很开心，我也很放心地去工作。

不要小瞧了那个小小的本子，它是家长和老师联络的纽带。都为着同一个目的，坦诚相待，这样彼此都会很轻松。

第四节　那个不爱吃饭的小孩

铁锤小时候我常常看着他说：什么都好呀，他马上接着说：就是吃饭不好呀！他倒是不偏食，只是哪一种食物都吃不多。这种情况一直延续

到幼儿园。

铁锤很长一段时间吃饭都不太好，在幼儿园里更是如此。

所以每次问到他关于幼儿园的事情时，吃饭那一段总是他不愿提及的。我很了解我的孩子，他虽然不挑食，但是吃饭慢，还常常溜号。可是作为妈妈，有些时候真的是无能为力。我可以让他喜欢读书、写字，喜欢户外运动，但是我却没有办法让他爱上吃饭。

他总说保育员王老师不喜欢他，因为剩饭常常批评他。我们都知道，当一个小孩说那个老师不喜欢他时，他在心里多半也已经不喜欢这个老师了。我不愿意铁锤每天都要面对一个自己不喜欢的人，我又不想因为这样的小问题转园，所以就要改变，改变铁锤的吃饭习惯，也改变老师对铁锤的看法。

我知道在铁锤的幼儿园保育员是在周六值班的，所以我带铁锤在那一天去幼儿园里玩。由于是在周末，大家都没有了关于吃饭的负担，所以铁锤和王老师相处得非常融洽。私下里，我和王老师聊天，告诉她铁锤在吃饭上面的确存在着问题。我们家长在家里也努力过，但是效果不很好，所以还是要老师和我们一起努力。由于他是个比较敏感的小孩，很在意老师对他的看法，希望老师在将来的生活中能够以鼓励为主。王老师是个很直爽的人，相信她理解了我的意思。

以后，每天回家我们都会问铁锤今天吃饭的情况。慢慢地，有时候会有一餐饭吃光了，我们就表扬他，真棒，已经可以完成一顿饭了！后来，竟然有中饭和晚饭全都吃光的时候了！我们就让他在自己制作的表格里画上一朵小红花，等到小红花有十朵的时候，就可以得到一个小礼物！（礼物的内容由他自己选择）

有一天，他说全班的小朋友里王老师最喜欢他了，因为他一粒饭都不剩，是吃饭最好的小孩。我明白那是王老师在鼓励他，比他吃饭好的小孩有很多，但是，他为了不辜负王老师对自己的喜爱，努力地完成自己分内的饭。

春天，铁锤升入了大班。保育员不再是原来的王老师了。有一天我去幼儿园，恰巧遇到了她，她拉着我的手说起几天前的一件事。那天王老师正在班里工作，看到铁锤忽然出现到了门口，她怕铁锤是偷着跑出来的，大声地让他快一点回到自己班里去。说完这话，她看见铁锤好像要哭了，就问铁锤有什么事吗？铁锤说是专门来看她的。王老师马上从兜里掏出来两块糖，把铁锤抱了起来。她红着眼圈和我说，铁锤真是个仁义的小孩。

这是我第一次亲耳听到王老师夸奖铁锤，我很开心，尽管是在铁锤离开她的班级以后。

一个让铁锤如此惦念喜爱的老师，一定也是深深喜爱过他的。

有妈妈的爱在里面

铁锤上幼儿园后，什么都好，只是吃饭一样，很让我们头疼。

说来他也不算挑食，肉、禽、蛋和蔬菜，什么都吃。但每样都只是吃上那么一点点，好像对食物没有原始的欲望。吃饭于他，就是一个不得不完成的任务。饭，是吃给爸爸妈妈看的。

周末我们去公园里玩，荡秋千、打滑梯，玩得他满头大汗。我问他午饭我们吃什么，回答是什么都可以。对于我们做妈妈的，最不喜欢听的就是这句话，在铁锤这里，什么都可以等同于什么都不可以。

"那我们午饭吃蜜汁鸡翅好不好？"

"蜜汁鸡翅？是用蜂蜜做的吗？"

"是呀！想不想尝尝？"

"是甜甜的吗？"

"当然！"

"妈妈，我想现在就吃。"

于是我们很快赶回了家。急急忙忙地从冰柜里拿出在超市里买的鸡翅中。铁锤觉得，翅中是鸡身上口感最好的一个部位。其实我也不知道怎么做蜜汁鸡翅，只是突发奇想罢了。可是既然已经对孩子说了，就

一定要做到。先在锅里放上一点油,待油有六七成热的时候将翅中放入锅中稍作翻炒,然后倒入调味酱油、料酒、葱段、姜片,还有适量的盐。同时,将火调小。要说明一点,这葱可是铁锤帮我剥的呦!因为他非常地想吃,那就要积极地劳动了。关键还是在蜜汁上,我没有用蜂蜜,因为我不知道蜂蜜是否适合加热食用。我也放弃了白糖,取而代之的是冰糖。我觉得,相比较白糖的甜腻来,冰糖更有一种清爽的甜。后来证明,这种选择是非常明智的。后来想,如果当初我选择了白糖而放弃了冰糖,那么我就和美味失之交臂了。所以,选择一种食材,就像是选择共度一生的伴侣,一旦选错了,就很难回头。

等到汤收得差不多的时候,就可以关火了。原来的汤水已经变成了黏黏的胶汁,浇在暗红的鸡翅上面,有一种恍惚的美。闻起来,香香甜甜。铁锤破天荒地吃了七个,吃成了一个小花脸。等我起身的时候,我才发现给他搬的椅子他一直都没有坐,因为他坐着和站着差不多一般高。因为美味,他竟然可以站着吃一餐饭!

原来,在美食面前,我们可以不计较吃的姿态,甚至,竟然可以不计较是站着还是坐着。

后来我问他为什么吃得那么多,他回答是因为又香又甜。

我问他为什么特别甜?我以为他会说有冰糖或者蜂蜜之类的话。

没想到,铁锤仰起小脑袋,很认真地说:因为,有妈妈的爱在里面!

第五节 不送礼的幼儿园

我们要在内心里明白一点,不论我们选多么昂贵的幼儿园,不论我们给老师送多少钱的礼,老师都不是妈妈,都不会像妈妈那样无微不至!因为一个班级里的孩子有很多,一位合格的老师不会因为你送了礼而只关注你的孩子,也不会因为你没有送礼而变态地虐待你的小孩。

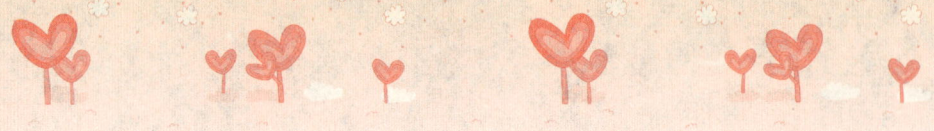

不送礼的幼儿园

我们常能听到这样的话：上幼儿园一定是要送礼的，不然老师会对孩子"不友好"。同时，偶尔也会有某某老师的恶劣行为在坊间流传。我不喜欢送礼，是我的性格使然，也因为我很愚钝，不懂得送礼的额度，也不知道送礼的时候该怎样表达。

我宁愿选择一家收费比较高的幼儿园，让孩子享受很好的硬件条件，也不愿意拿出一部分去送礼，去享受那些看不到的类似老师的笑脸之类的软件条件。

我一直想找一家不送礼也可以对孩子好的幼儿园，而且我一直坚持不送礼。我想看一下，没有送过礼的小孩，是不是也可以有一个快乐丰富的幼儿园生活。

我们为铁锤选择的是一家私立幼儿园，听说这家幼儿园的老师每月在领工资前都要填一个单子，就是这个月没有接受过家长的馈赠之类的内容。填写完这张单子，才可以领到工资。铁锤在这家幼儿园已经三年了，期间换过几次老师，也曾遇到过不开心的事。但我始终坚持自己的原则，从未送过礼。铁锤在那里每餐饭也吃得饱，每次演出活动都有适合他的角色。老师会在孩子午睡的时候给我打电话，和我谈孩子近期的情况，也顺便了解孩子在家里的状态。电话比较有规律，每个星期至少打上一次。每次发现孩子有问题，我也会和老师及时电话沟通。

其实，很多状况都是妈妈自己胡思乱想出来的。妈妈怕因为没有送礼，老师会对孩子冷脸，会在吃饭的时候给孩子很少，发生问题时，会偏袒送礼的小孩。其实妈妈们多虑了。我们要在内心里明白一点，不论我们上多昂贵的幼儿园，不论我们给老师送多少钱的礼，老师都不是妈妈，都不会像妈妈那样无微不至！因为一个班级里的孩子有很多，一位合格的老师也不会因为你送了礼而只关注你的孩子，也不会因为你没有送礼而变态地虐待你的小孩。我们要理解老师，老师也是人。就像我们妈妈，也会有身体疲惫、心情郁闷的时候，所以一点点的不周到，一点点的

不热情,都是正常的。我们不也曾因为心情烦躁,打过孩子吗?

我们在内心里告诉自己,不要期待老师会永远阳光般的温暖,偶尔刮风,也是正常,只要不是暴风骤雨就可以接受。

三年来,我一直坚持不送礼的原则,并且还要一直坚持下去。

是教师节,还是"教师劫"

老师说:家长在平日里理解并配合老师的教学工作,就是给老师最好的礼物。

一年一度的教师节又近了,几个小朋友的妈妈向我咨询要不要在这个特殊的节日给老师送礼。我又想起了去年此时,一个老朋友以过来人的身份向我传授他们给老师送礼的方式——超市购物卡、代缴手机话费。想来每一个孩子家长都在为这件事犹豫,想送又不知道以什么样的方式和标准,不知道这样会不会把老师给惯坏了,以后不送就不对了。这次高标准了,下次就不能低标准。如果不送呢,谁都知道,怕老师给穿小鞋,孩子的心灵多么敏感和脆弱呀,老师一个不在意的眼神,一句冰冷的话,孩子在学校的生活该有多么难熬?他的心情又怎么会好?心情不好又怎么能健康成长,更别提有一个好成绩了。

在送与不送之间,家长很为难。

教书育人是老师分内的工作,但是老师可以把这份工作做得呕心沥血,也可以做得舒服自在,这个是她的自由。当然作为家长,我们不能自私地要求老师对我们的孩子呕心沥血地培育,非让人家"春蚕到死丝方尽,蜡炬成灰泪始干"不成。所以很多家长会想我给老师在关键时刻表示一下,老师就会格外关注我们的孩子,上课多提问,有问题及时和家长联络,让我们孩子在学校的生活更加轻松愉快。毕竟这个节日是专门给老师过的,有它的特殊性。而且一年也才只有一次,不像初一、十五,月

月都有，送点也不过分。不过又有家长说了，如果一个班级几十个孩子都送礼了，那么老师又会对谁好对谁不好呢？全都送就相当于全都没送。所以又有家长说要送就得多送，送得少了既花了钱，还惹人不开心，钱少分明是没瞧得起人家嘛！

该以什么标准送，家长也很为难。

几乎所有的家长面对教师节都会感到为难，这个专门为了教师准备的节日忽然变成了家长的"劫日"。

一位职业是老师的妈妈说了这样一段话，教师节作为老师来讲她也不愿意收孩子家长的礼物，如果是孩子亲手做的一个小东西，她就可以没有压力地收下。她说自己现在还保留着七年前一个学生在教师节写给她的卡片，每每看到，依然还会感动。她告诉大家在平日里理解并配合老师的教学工作，就是给老师最好的礼物。她的一番话让我豁然开朗，一束花让老师感动，两束花老师开心，可是每年教师节早晨教室里面大堆的花束、花篮，对老师来说可能就是一种负担了。老师家又不是开花店的，哪里去消耗这些花束呢？

我们作为家长的要在心里明白一件事情，教师是个神圣的职业，既然能站到这个讲台上，相信她的素质和操守足以胜任教师这一职业。她不会因为你没有送礼、送钱就会对你的孩子另眼看待，甚至白眼、恶语相向，也不会因为你送了礼就让你的孩子坐前面、当班长。其中可能有老师会向家长索要礼物，这都是极其个别的现象，不代表所有的老师。

在教师节的时候，我建议妈妈们和孩子一起给老师做一张卡片，写上孩子最想和老师说的话。相信这一份礼物，像花一样令人感动，但又不会像花一样迅速枯萎，同时它也没有金钱的俗气与负担。

收到卡片的老师会很开心，因为它代表了孩子和家长最真挚的感谢和尊重。

第六节 明日就是海角天涯

珍惜今日的伙伴

其实我们大人也一样,在一起的时候不懂得珍惜,挑三拣四,只看到对方的缺点。等到海角天涯触不到时,又觉得从前那些琐碎和摩擦又是那么温暖与美好。

在中班有一段时间,铁锤不止一次地回家和我说,东东又打他了。

我见过东东,印象中很白净,个子比铁锤高一些,不像是那种不讲理的小孩。

晚上,我给铁锤的老师打电话,电话里了解东东比铁锤小几个月,别看个子长得高,语言方面要差好多。他很喜欢铁锤,愿意和他一块儿玩。但是因为表达不是很清楚,铁锤常常会误会他的意思。因为两个人的交流总是不成功,东东就表现得很急躁,有的时候会用动作来表达。如果动作的幅度大了,就变成铁锤说的"打"了。

我把这些都和铁锤说明白了,告诉他每个小孩发育的状况是不同的。像我的铁锤就特别会表达,但是东东这方面要差一些,因为他的力气都用来长个子了。他喜欢你,所以才愿意和你交流。以后再听他说话的时候,一定要仔细听,慢慢地和他说。可是,不论我如何说,铁锤就是听不进去,他觉得自己不喜欢东东,自己的朋友有很多,完全可以不要这个朋友。

是的,一个人有很多朋友,就不在乎是不是又多了一个。但是,在一个朝夕相处的集体里,有一个自己不喜欢的人,也是一件极为别扭的事。而且,东东那么喜欢铁锤,会觉得自己很受伤害。不管怎样,东东这个小孩的本意都是好的。

看着一脸怒气的铁锤,我对他说:你知道吗?可能,以后你和东东会

再也见不到了。铁锤一愣,觉得我的话很是莫名其妙。每天都能看到的小朋友,怎么会忽然见不到了呢?接着我告诉他,再过上两年,你们就要从幼儿园毕业了,然后会接着上小学,上中学、大学。可是不能保证你们都上同一所小学,即便上了同一所小学也未必会在一个班级。这样有很多孩子你就很难见到,或者永远也没有机会见到呢!铁锤问,为什么不上同一所小学呢?我告诉他大家都住在不同的区,归属于不同的小学,不上同一所小学是很正常的。妈妈在上小学的时候就转过学,后来又上中学、大学,虽然同学有很多,但是有很多同学再也没见过面。连他们多高多矮多胖多瘦都不知道!

我知道铁锤是个很重感情的小孩,这一招对他肯定有用。

他再次抬起头,问:真的有的人再也见不到面了吗?

我告诉他,真的是那样,所以,今天相处的日子一定要懂得珍惜。

后来,他和东东真的成了好朋友。两个人取长补短,合作得很好。他们都是蔫淘的孩子,还曾经一起被罚站过,也算是患过难的兄弟了。

其实我们大人也一样,在一起的时候不懂得珍惜,挑三拣四,只看到对方的缺点。等到海角天涯触不到时,又觉得那些琐碎和摩擦又是那么温暖与美好。

珍惜吧,或者,明日,就远隔海角天涯。

第七节 五个小孩坐火车

现在每个家里几乎都是一个小孩,为了童年不孤独,所以我特别留意给铁锤多多创造和同龄人游戏玩耍的机会。这几年里,我们和幼儿园的几个小朋友一起去过郊外,看过电影,划过船,我们还一起坐过十个小时的火车!

一个周五的晚上,在各位爸爸的殷殷叮嘱后,铁锤、小骜、豆豆、东东、洋洋五个孩子及他们的妈妈坐上了开往秦皇岛的火车。

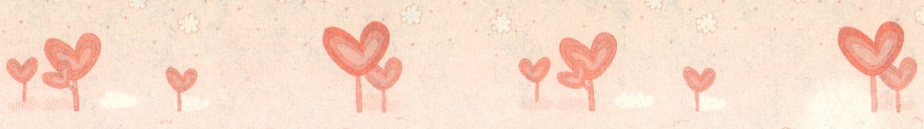

五个小孩坐火车

在火车上,孩子们特别开心。因为还没有这么多的同龄孩子一同出游的经历,兴奋异常,饭也吃得格外多。

这些孩子里小鹜最大,六岁零十个月,豆豆最小,六岁零一个月。小鹜是铁锤的姐姐,其他的三个小孩都是铁锤幼儿园时的同学。五个孩子从中铺爬到下铺,再从下铺爬上去。因为孩子多,枯燥的游戏也有了格外的意义。

我和孩子们玩"宝宝请举手,坏蛋请放手"的游戏,这个游戏是我和铁锤发明的,很锻炼孩子的反应能力,孩子们都很喜欢玩。输的小朋友要给大家表演节目。孩子们表演的都是我熟悉的歌曲,因为这些歌是在幼儿园学的,在家里,铁锤常常唱给我听。

去的火车是开往济南的,有个乘务员一口的胶东话,闭着眼睛听,好像是《疯狂的石头》里的"黑皮"来了。

去海滨游泳

星期六早上我们到了秦皇岛,一路辗转来到了南戴河。因为我们此行的目的就是游泳,所以安顿好行李,匆匆吃过饭,就急急地奔向了海边。我是准备豁出去了的,为了孩子,不能怕太阳、海风,不怕晒黑。太阳下的沙滩热得烫脚,还好我人老皮厚,一路狂奔,还安然无恙。要是换做铁锤他们的小嫩脚,一定会烫出泡来的。

因为有过学习游泳的经历,铁锤的平衡感非常好。他十分享受地躺在游泳圈上,海浪一波一波地涌来,铁锤时而出现在波峰时而在谷底,却没有一次被海浪掀翻。

我们五个妈妈有明确的分工,有的在水里面照顾孩子,有的在沙滩上看管衣物。尽管我给裸露在外的皮肤都擦上了防晒霜,但是两天下来,我的身体上就清晰地留下了泳衣的痕迹,脸黑得更是不能看了。我是非常容易被晒黑的那种人,我也很怕晒黑,可是带孩子出来玩,就要配

合孩子,让孩子尽兴。所以,我的皮肤作出了极大的牺牲。

有投资意识的铁锤

星期日的下午我们去了北戴河。在那里逛了刘庄的市场,在刘庄还吃了海鲜,也吃到了铁锤一直惦记的小笼包子、烤鱿鱼和烤虾。

晚上,在市场上给铁锤买了一只小乌龟和一些珍珠。我很纳闷他为什么一定要买珍珠,他说因为珍珠很珍贵,他要拿回哈尔滨卖大价钱!

我发现铁锤对金钱很敏感,还很有投资意识。这些从前我在他和小朋友交换东西的时候就发现了。

他还和我买过几次彩票。因为我对投资完全没有意识,不买股票、不买彩票。后来铁锤要求我买彩票的时候我就给他买了一注,结果中了五元钱,他很兴奋,以为两元钱过上几天就能变成五元钱,于是兴冲冲地再去买彩票,这次是一无所获。他很生气,坚持到彩票站把那注彩票退掉,要索回花出去的两元钱!

没想到一个在投资上几近白痴的妈妈竟然生出了一个"投资商"!

在鸽子窝抓螃蟹

星期一我们去了鸽子窝。这是我们去年到过的地方,比较熟悉。

到了那里,铁锤和小鹜就开始喂鸽子。那里的鸽子简直太热情了。在你的身边盘旋,在你的肩头停留,即便你的手里没有食物,它也会热情地欢迎你。在那里我拍了些照片,发现他比去年喂鸽子时长大了很多。

在鸽子窝的海边,我们捞了好多小皮皮虾。那些在水底迅速爬行的小寄居蟹给了我们很多惊喜。铁锤用手按下去,一只小寄居蟹就在手掌下面了,轻轻地移动手指,一只小蟹就在手中了。不一会儿,我们就捉了一个桶底的小蟹。舀一些海水进去,那些小蟹便活跃起来,大大小小,十分可爱。

请铁锤题词的价格

这次出去玩还有一个小插曲。

周日早上我们大人在准备东西的时候,他们几个小孩在宾馆的墙壁上用塑料打气筒分别写下了自己的名字。我们看到时,墙上已经有四个小孩的名字了,歪歪扭扭的,有大有小。房东当然是不开心,我们说尽好话后,赔偿了200元钱了事。

四个名字200元钱,一个名字折合人民币50元。也就是说你现在请铁锤题词要花钱了,铁锤要付给你50元!

后来我问这几个孩子,是谁最先提出在墙上写名字的。大家齐齐地指向了铁锤,他在旁边抿着嘴巴不说话。不用说我也会知道,这些坏点子大多都是他的。

这个可能和我们的教育有关系,因为在我们家里铁锤他们都可以随便地在墙上写写画画。去年妈妈搬了新家,才不让他们画。在旧房子那边是满墙的涂鸦。

因为教育太自由了,所以允许他们在墙上乱画。
因为思想太自由了,所以铁锤才有那么多坏点子。

回家

快乐的时间很短,即便再开心,我们也是要离开。

我左手拉着一个旅行箱,左肩背着包,省出来最有力气的右手拉着铁锤。

四天紧凑的旅行,我的心一刻也不曾放下过。周一的早上,我终于把铁锤完好地带了回来。

铁锤他们都说没有玩够,我们说好明年再来。

我问铁锤什么时候最开心?他说游泳、捉螃蟹。我也想这样快乐下去,不离开。可是快乐是有节制的,因为没有尽兴,所以才格外期待下一次。

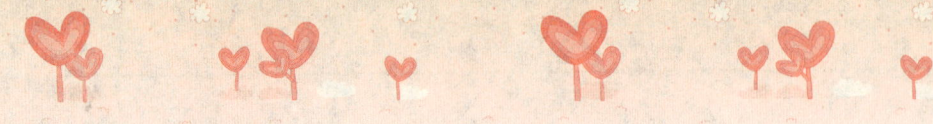

真正的幸福和快乐都不是百分之百,而是有那么一点小小的遗憾,让我们对下一次的相见热烈期盼。

第八节　偶尔宠爱也无妨

我们对铁锤很严厉,同时也很宠爱,甚至偶尔会让铁锤在幼儿园翘一次课。

初七那天幼儿园正式开园了。可是铁锤在姥姥家和表姐玩得正疯,不想上幼儿园。我和爱人商量了,过几天再去。

期间,我们在家里、在单位接到幼儿园老师打来的好多电话,都是询问铁锤在家里的情况,问什么时候可以入园。我们不好意思地搪塞,说铁锤有些感冒,还在咳嗽。其实归根结底,无非是想让铁锤在过年期间可以好好地玩上几天。

老师说,不论什么时候,按时上学都是正确的。

按部就班是对的,但是我觉得,在漫长的工作、学习的过程中,谁都可能有倦怠的时候。倦怠了,给自己放个小假——打个盹儿,也蛮好的。

有一次,铁锤幼儿园里有活动,回来得很晚。吃过饭,已经是晚上八点多了。爱人说,今天的作业不写了,孩子太累。于是铁锤就没有完成当天的作业,早早地上床休息了。

从幼儿园要求孩子写作业以来,这是铁锤唯一的一次未完成。

朋友说我们太娇惯孩子了,好的习惯,应该一如既往地坚持。

这个道理我也懂,但是没必要那么教条。在那次未完成作业后,铁锤从没提出过不写作业的要求,因为他知道那一次是父母的小小娇惯,他已经领情了。所以,他要以好好地完成作业来回应爸爸妈妈对他的理解。例如这次迟迟不去幼儿园报到,他心里也是明白的。他向我们要求在姥姥家多玩几天,但是在我们提出要离开的时候,他也很开心地答应了。他心里明白,他的要求爸爸妈妈已经满足了。因为父母并没有忽视

他的感受,给了他一个小小的宠爱。所以,他很领情,我想他会很好地把握将来的幼儿园生活的。

孩子是用来爱的,所以,偶尔的宠爱,也无妨。

一天晚上,朋友很恼火地打电话给我,说她的小孩不写作业,他的理由是自己头痛。朋友说,他的头痛不严重,不然怎么能坐在那里看《喜羊羊与灰太狼》呢?我的回答是,不写就不写吧,谁都有倦怠的时候。可是朋友很担心地说,如果今天他不写作业了,那么明天也可能不想写。长此以往,不就变成不完成作业的孩子了吗?而且孩子不听家长的话,家长在孩子面前还有什么威信?没有威信的家长能管好自己的孩子吗?其实朋友的小孩非常懂事,的确是个性强了一点。我和朋友说,不是家长凶巴巴的,孩子就会听你的话。即便孩子怕被打,按照你的意思做了,在心里也不会信服你的。"威信"这个词由两个字组成,"威"是一个副词,是一个蛮厉害的样子,而这个词的重点在于后面那个"信"字,不论你是温婉的,还是吹胡子瞪眼的,目的是让对方心甘情愿地"信"。相对于吹胡子瞪眼而被人信服,那么温婉的方式便是"润物细无声",也更容易被别人接受。所以,我们做家长的没必要整天板着脸强调自己家长的身份,你的身份不刻意表明,孩子也知道。

我们每天都在说要和孩子做朋友,可是我们又是怎样对待自己的"朋友"的呢?我们要求我们的"朋友"不能挑食,按时完成作业,我们说话的时候不要顶嘴,按时上床按时起床,我们希望这个朋友完全按着我们的意思做,因为我们经历的比他多,我们都是为他好。

我们常常想,小孩子的世界没有大人这么多的压力,没有成人世界这么多的复杂,小孩是最快乐、最享福的了。可是我们想过吗?不能按照自己的意愿来生活,是快乐吗?小孩想每天在家里玩,想不写作业,想吃好多糖果,可是他们不能这样,他们要用今天的努力为明天打好基础,所以他们未必像大人想象的那么快乐。孩子也有孩子的苦恼,我们不能够让他们完全开心地生活,我们能做的,小小地娇惯他们一次,宠爱他们一回,让他们享受到作为孩子的特权。他们很开心,同时我们做家长的也很开心。

我常常宠爱我的铁锤,带他吃一次肯德基早餐,买一个价钱很贵又不实用的文具。我们都知道快餐不好,可是吃一次也无大碍。那个不实用的文具,买了来,放在书架上,只要看着就是一种幸福。不要担心我们偶尔的宠爱会惯坏了孩子,其实孩子很聪明,他知道妈妈这一次为他做了这些,不是妈妈放弃了原则,而是妈妈爱他的表示。他不会利用妈妈对他的爱反过来欺负妈妈,相反他会很懂事地和妈妈保守这个小秘密,用更加的努力来回应妈妈的爱。

不论是大人还是小孩,都需要不时地被宠爱一回。我们大人也需要偶尔赖一次床,享受让孩子给冲一杯咖啡,无所事事地度过一个下午,逛街买上一堆衣服。这一点点小小的宠爱,让我们平淡的生活有了些许惬意和美好,好像暖暖春天里的一缕花香。

当他们还是小孩子时,我们尽量地去宠爱吧!

如果你有闲暇的时间,也把自己当做小孩子宠爱一回吧!

第九节 那个不听话的坏小孩

常常有妈妈对我说:我的宝宝都一岁多了,看见别人吃东西还吧嗒着小嘴向人家要。丢死人了!

还有大宝宝的妈妈说:可怎么办呢,孩子在外面看到玩具就想要!有的汽车家里都有了,还偏要买!不给买,就耍赖不走!

还有的小孩看见陌生人不知道称呼,任凭妈妈怎样告诉他,他硬是憋红了脸也张不开口。妈妈觉得很没面子,好像自己的家教不好一样。

每每此时,这些妈妈都摇着头叹息,自己的孩子怎么这么不懂事呢?

是呀,这些孩子怎么这么不懂事呢?可是什么样的孩子才算是懂

事呢？

　　我们期待孩子规规矩矩，待人有礼貌，饭吃得不多不少，长得不胖不瘦，在人前彬彬有礼、落落大方，对知识孜孜以求、如饥似渴，同时他还要爱好广泛、爱心丰富、体谅大人，说白了，是一个能给我们家长在人前挣足面子的"小大人"！

　　和这么个"小大人"比起来，以上那三个"要吃食"、"要玩具"、"没礼貌"的小孩就太顽劣了！

　　可是，如果我们静下心来想想，一岁多的孩子向别人要吃的，是童真的表现，等他到了七八岁，你让他去要，他也未必肯呀！还有那个要玩具的小孩，不过是直率地表达了自己的想法而已，如果让每个五六岁的小孩坦白地说，他们哪一个不想把商场里的玩具都搬回家呢？那个不肯张开嘴叫人的小孩，那就是从前的我。我非常理解这类小孩，不是没有礼貌，只是不好意思说，妈妈越是在旁边催促，越发张不开嘴。

　　这些不"懂事"的小孩很坦白，很真诚，是真正像小孩的小孩。

　　给大家讲一个"懂事"的好小孩的例子。

　　法国著名的哲学家和作家萨特，曾在他的自传里提到了自己失败的童年。从小他就是大人们的掌上明珠，常常得到大人们的夸奖。他为大人们表演，时时刻刻表现得聪明伶俐、朝气蓬勃、诚实好客、乖巧可爱。但是这些并不是他发自内心想做的，他假装对那些所谓"正确"的东西表现出兴趣，他这样做，不是自己发自内心的愿意，而是为了赢得大人的喜欢，因为大人们在他身上看到了他们想看到的东西。他说自己后来就像一个"年老色衰的女演员"，失去了华丽的表演，于是他暗地里努力，过火的表演，渴望得到大人们的夸奖。当大人不再全神贯注地关注他的时候，他感觉自己就像一位受了伤害的艺术家，被大人一脚踢开了。他想往后退，却又无处可退。他的童年生活就是成年人的一道风景。他在书里说："我成了一个玩意儿，被人家退还了回来，那时我才7岁。我只能依靠自己，可是我自己在那个时候并不存在，我只不过是一个墙上挂满了镜子、空空如也的宫殿罢了。"

在他功成名就之后，萨特仍然十分渴望别人的认可与掌声。他欺骗、玩弄甚至背叛深爱自己的女人，这些都和他的扭曲童年有着不可分割的关系。他为了取悦大人，放弃了自己作为小孩的权利。

小孩有什么权利呢？天真、敏感、自我、不懂事。他为了大人们夸奖的那个所谓"懂事"而违心地做了自己并不喜欢做的事情。萨特虽然功成名就，但是他的一生并不是快乐的。

现在我再给大家讲一个"坏小孩"的故事。

前段时间我在《中国作家教子报告》一书中看到了这样一个故事。说一个作家的第一个女儿在外婆家长大，特别娇惯。马上要吃饭的时候，这个小姑娘一下子就把一盘子炒好的花生米扬到地上。她的小舅舅特别生气，就批评小姑娘。没想到她的姥爷急忙过来劈头盖脸地训斥这个小舅舅，他说："她扬就扬，她要是不扬，她不就是死人了！"在20世纪70年代哈尔滨的夏天，这对儿祖孙在街边守着卖冰棍的吃冰棍。吃了一根又一根，吃得小姑娘直哆嗦，她的姥爷就把自己的衣服脱下来给她披上，继续吃！还有在70年代末期她的小姨每天下班都要给她买上一块巧克力。小姑娘的爸爸看不下去了，可是姥姥家的人觉得这些很正常，孩子就是要宠爱的。读到这里，我很好奇这个孩子长大了会怎么样，是不是变成了一个不可一世的"女魔王"？

她没有，相反她变成了一个聪明的、敢想敢做的睿智的女孩！她大学毕业的论文就发表在晚报上，后来她出版了一系列的著作，被称为新生代的女作家！

那些童年的"娇宠"，给了她真正的自由，让她的身心都得以自在地生长。

以世俗的眼光来看，她小时候绝不是一个"懂事"的孩子，但是长大后她却拥有了成功的人生。

我们家长，常常因为比孩子年龄大，因为我们为孩子付出了很多，所以我们给他们的世界制定了一系列的"法规"。如果他们的行为都在我们的"法规"之内，那么我们就夸奖他们"懂事"，如果稍有出格，我们便

摇头叹息,好像这个孩子终将一事无成。

都说现在的独生子是家里的"皇帝",其实他们是戴上了枷锁的"皇帝"!

我们希望他有超越年龄的"懂事",于是大人给他制定的条条框框,像枷锁一样套在了他稚嫩的心上。

其实哪一个孩子没有自己的想法?哪一个孩子没有自己的个性?

我们不是孩子世界中的"执法者",孩子没必要为了屈从于家长而放弃自己的个性。

如果那些"懂事"的言行是孩子发自内心的表现,那当然好。如果是迫于家长的威严而故意为之,就好比是那些经过雕琢的、姿态优美的盆景,为了满足人们的欣赏的需要,放弃了宽阔的自然。它们看似美丽,其实都有扭曲的心灵。

第十节 幼儿园大班——和牙齿较真的日子

为了牙齿,你会完全放弃糖果吗?

如果一个小孩子一直不吃甜食,不吃糖果,不喝含糖的饮料,就可以拥有一副健康漂亮的牙齿。作为家长的你,会如何选择?

靳羽西曾经说过判断一个女孩是否漂亮,一定要看她的皮肤和牙齿。如果按照她的标准来说,我可以算得上是一个美人了。我们家的孩子都有排列整齐的牙齿,因为我的执拗个性,即便生病也喂不进一口药去,所以长大以后没有同龄人的那一口因为服用四环素而产生的药物牙齿。现在我妈妈很庆幸,说多亏我当年不听话,不肯吃药,现在才能有一口想笑就笑的好牙齿。

在还没有成为妈妈前,我在书上看到一个人会在六岁左右换一次

牙,要把从前的那些牙齿全都换掉,脱落的这些牙齿就是乳牙,不是陪伴一生的恒牙。

出生以后,铁锤在五个月的时候生出了第一颗乳牙。孩子太小不会刷牙,又不懂得漱口,所以我常在他餐后喂他喝一小口温开水。希望这一小口水能够将他口腔里面的食物残渣带走大部分。后来他的牙齿多了些,我就用棉签蘸着淡盐水轻轻擦拭。记得有一次他刚吃过巧克力,张开嘴,把我吓了一跳!后面大牙的窝沟里面全都是褐色的巧克力!这些残留的巧克力里面该有多少糖分呀!慢慢地会侵蚀铁锤的牙齿,后果不堪设想。等铁锤的六龄齿全部长完,我们领他到口腔科做了后面八颗牙齿的窝沟封闭。每颗牙齿80元,八颗640元。价格不便宜,不过如果能换来一口健康好牙齿还是值得的。那是不是做了窝沟封闭,再有良好的口腔卫生习惯,就不生蛀牙了呢?不是,铁锤四岁那年我发现了他牙齿上的第一个龋洞,到现在已经有三颗牙齿补过了。起初我们还不解已经做过了窝沟封闭,也注意漱口和刷牙,为什么还会有牙齿坏掉呢?医生告诉我们窝沟封闭只是针对牙齿的表面实施了保护,铁锤发生龋坏的位置都是在牙齿的侧面,即两颗牙齿交界的地方。还是平时铁锤的刷牙方式不正确,后来听了医生的建议,以后每半年到口腔科看一次医生,防患于未然。

很多家长认为乳牙不重要,因为它们早晚会脱掉而被恒牙代替。其实不然,一颗乳牙坏掉了,终会脱落,在原来的位置上生出新牙。但是因为曾经的六龄齿质量不佳,影响到了下面的牙周组织,导致牙周组织也变得不健康了。这样生的恒牙也会是不健康的。举个例子,好像牙周组织就是植物生长的土壤,牙齿就是植物。想想土壤都坏掉了,我们还能期待它长出好的作物来吗?

现在孩子的食物和从前比起来,含糖量超过六倍之多,所以作为家长简直是防不胜防。现在的饼干比从前甜,面包比从前甜,糖果、饮料包括各种奶制品里面都有各种各样的糖。曾经遇到过一个一点零食和甜品都不吃的小孩,她的牙齿真是好。她的妈妈真有毅力,勇敢地给了孩

子一个没有糖果和甜品的童年。痛定思痛,我还是下不了这个决心,总觉得没有糖果和甜品的童年不是真正的童年。像那天电视里的养生专家说的,如何才能够远离疾病?不吃辛辣、不生气、不害怕、不焦躁、不大喜大悲,谁能做到这些?这样的人生还有什么意思?我想了想,按照养生专家的说法,诗人画家音乐家一定得早死。

我做不到让孩子一点不碰那些含糖高的美妙食品,我能做的就是帮助孩子养成良好的卫生习惯,饭后三分钟用淡盐水漱口,不吃口香糖;为了让牙齿坚固整齐,多啃点骨头和硬麻花。

让孩子一点不吃甜食,我做不到,你做得到吗?

顺利换牙要吃的食物——大煎饼

大煎饼是我们东北的特产,咬一口薄薄的、脆脆的,也可以卷着蔬菜一起吃。这个大家可能都知道,但是你可能不知道的是,这些很有嚼劲的大煎饼竟然是孩子换牙时的最好食品呢!

早饭的时候我发现铁锤吃东西总是用右侧的牙齿。我觉得很奇怪,他说因为疼。他张开嘴让我看,下牙后面好像有一点溃疡的样子。我用手一摸,硬硬的感觉,我才知道,铁锤长新牙了!

这可是一颗我们盼望了很久的牙齿!

因为铁锤班上的小朋友都脱牙了,只有铁锤的牙齿依然在坚守着。他们老师曾经给我打过电话让我带铁锤去看医生,寻求他迟迟不掉牙的原因。因为我们普遍都有这样一种感觉,只有生长发育得好,什么营养都不缺的孩子才会早早地换牙齿。而那些换牙齿比较晚的小孩,大多都是缺这缺那的"问题儿童"!因为铁锤不是那种见饭就亲的"壮小孩",所以我们都觉得他换牙晚的原因是发育得稍稍迟缓一些。

不过虽然来得晚一些,还是来了呀!让我头疼的是,新的牙齿长出来了，可是铁锤旧的牙齿还没有一点退休的意思！

唉，又要去医院了！

在医院里，铁锤自然地和医生交流。他半躺在那里，对医生说："我的新牙长出来了，但是旧牙还没掉。"医生告诉他是要拔掉的。然后陈述自己的情况，讨论方案，甚至是不是要打麻药都是铁锤自己决定的。他不想打麻药，医生给他做了"局麻"，就是在一个脱脂棉球上挤上了一些粉红色的东西，然后平铺在铁锤要拔掉的牙齿上，就在我一转头的时间，牙拔完了！

医生在没被打扰的情况下就给六龄童拔了牙，铁锤理智、坦然地面对拔牙这件事，铁锤的妈妈——我，自始至终，几乎没插上嘴。

其实我也不想说话，如果他都能够处理得好，我这个做妈妈的，就心安理得地享受了！

在我出去交钱的时间里，铁锤留在诊室等着医生写医嘱。

我回来后，他嘴巴里咬着一块白色的脱脂棉，含糊不清地告诉我："半小时内不能喝水，不能吃凉东西和硬东西。"

医生说看铁锤的牙齿知道他的营养状况不错！那我就不明白了，营养状况好，为什么还换牙晚呢？

医生笑着说：换牙晚是好事，只要在13周岁以前所有的牙齿都换完，就是正常。换得越晚，牙齿的质量越好。她说很多换牙早的孩子的牙齿都很糟糕。不是因为他们的营养状况好而牙齿脱得早，恰恰是因为营养状况不好而导致的脱牙早。所以脱牙早不是好事情。我担心铁锤的牙齿排列会不整齐，医生告诉我牙齿的排列基本上决定于遗传，新牙萌发后有一个自我排列的过程，如果还是排列不好，也可以后期矫正的。但是在换牙的过程中，要记得多吃煎饼、麻花这种硬一点的东西，这样旧牙会活动，自己就掉了，而不用来医院里拔掉。

我在心里记下了，多吃大煎饼！有韧劲，一拽，旧牙就掉了！

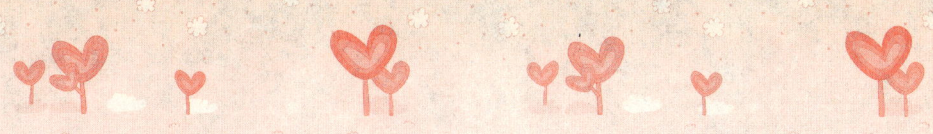

第十一节　牙齿的故事

还是有了蛀牙

一晚铁锤打呵欠,懒懒的,嘴巴张得大大的。可是在昏暗的灯光下我猛然发现在他后面的牙上依稀有一个小黑点。他翻过身又睡去了,我急急地把这个发现报告给铁锤他爸。我们猜测是不是白天吃了巧克力类的东西,然后牙齿刷得不彻底?后来仔细回忆,并没有呀!难道,是有了蛀牙?

对于铁锤的口腔卫生,我自以为做得够好。可是,我做得那么好,为什么还会有蛀牙呢?忽然间,我明白了——孩子,不一定总会给我们一个我们想要的结果!

他不会因为我给他买了很多的绘本,就爱上绘画;

他不会因为我注重他的教育,就一定会品学兼优;

他不会因为我用了全部的时间来陪伴他,就一定会出类拔萃。

就像一棵小树,即便我不遗余力地给它施肥,毫不放松地为它捉虫,竭尽全力地为它提供良好的生存环境,它也未必就能够长成参天大树。或许,我的这份精心,相反倒成了他成长中的压力。

所以,我对爱人说:他是我们生活中最重要的那一部分,但绝不是全部。我们还要有自己的生活,我们可以让铁锤自己玩耍,有一点时间去看电影、听音乐。

把精力收回来五分之一吧,请放在爱人身上,也请放在自己身上。

去读一本好书吧!那里面的道理可能会让我们受益终生。

去看一场好电影吧!那个甜蜜的场景让我们每每回想起来都热泪盈眶。

去听一场音乐会吧!那美好的氛围总会在今后的某一个夜晚让我们相拥回味。

去逛一次街吧！去周边的地方来一次短途游行吧！去吃一次晚餐吧！去某一个地方仔细看一看对方的脸庞吧！

请拿出五分之一的精力，好好地爱我们自己吧！

我珍藏的一颗乳牙

大多数的家庭都只有一个孩子，我们也知道孩子的成长过程是不可逆转的，所以，总想留一点证据，证明他们曾经那么小过，那么的可爱过。

我常常在我的日记本上画上铁锤和我的手的轮廓，有他几个月的，也有几岁的，从胖乎乎的小手到现在宽大手掌。而我的手掌几乎没变，只是因为这几年给铁锤用手搓洗衣物，手指的骨节微微粗大了些。

到现在为止，我最珍爱的一个纪念品是一颗牙齿，铁锤第一颗脱落的牙齿。

这颗牙齿小小的，虽然铁锤也爱吃糖，但因为他良好的卫生习惯，这颗离开了土壤的牙齿依然光泽如珠贝。

我清楚地记得，在铁锤很小的时候，我是那么焦灼。因为身边的小朋友在第四个月的时候都萌发了乳牙，可是铁锤的嘴巴里空空如也。咧开嘴巴大笑的时候，极像一个老掉了牙齿的老奶奶。我总怀疑铁锤可能会缺钙。在铁锤快六个月的时候，有一天我忽然看到他的下牙床好像有个亮亮的东西，我扒开他的嘴巴，看到他的下牙床上有一个白白的东西，我伸手一摸，硬硬的，是一颗牙齿！我欣喜若狂，在本子上记录下他长牙齿的时间。

后来铁锤的牙齿慢慢地长出来，经常拿着一根磨牙棒咬上好久。再后来，铁锤的门牙也长了出来，在我哺乳的时候，他会故意停下来，用牙齿轻轻地咬一下我的乳头，然后一脸的坏笑。

铁锤的牙齿生得特别整齐，笑起来，很可爱。

后来，铁锤要换牙了，新牙已经露出来了，可是这颗旧牙还没有掉。于是我带他去医院把这颗牙拔掉了。

这颗乳牙整整陪伴了铁锤六年，当医生把它拔下来后，我认真地收藏了。

身体发肤，受之父母。孩子的乳牙在妈妈的腹中就已经形成了，不过是在出生后才长出来的。可以这样说，这颗牙齿在我身体里也经历了十月怀胎，现在又回到了我的身边。

闲下来的时候，我拿出这颗牙齿仔细地端详，洁白、细腻、光泽。

这颗牙齿曾经帮助铁锤吃饼干、啃西瓜，淘气的时候也咬过妈妈的乳头。

这颗牙齿让我想起那些惊喜和微微疼痛，也让我想起铁锤阳光般的灿烂笑容。

第十二节 那条脉冲信号的小路

从家到铁锤的幼儿园，大约十二三分钟的路程。从我家的这条街口就能望到幼儿园的街口。整个路程就像是一个完整的脉冲信号，还很对称呢。

在我不送铁锤的日子，我也总是习惯性地朝他幼儿园的方向看上一眼，好像那一条街，坐落着我小时候的幼儿园一样。

我还记得刚刚送铁锤去幼儿园的那段日子，我们是每天连哄带骗，连拖带拽的两母子。而现在，是两个手牵手，有说有笑的两个人。一路上，他仰着小脸不停地说，我低着头静静地听。有时候，他还会调皮地偷偷藏起来，等发现我无论如何也找他不到时，就会一脸得意地跳到我面

前。夏天的早上,他会用手指去点牵牛花上的露水,等到秋天时他便去收集牵牛花的种子,然后塞进我的衣袋里。他还喜欢看路边白杨树的眼睛,他说他看得出哪一只眼就是笑的,也知道哪一只刚刚哭过。等到我们过天桥的时候,他总要我们分开来走,看谁先到达目的地。他不知道,我总是跟在他身后看他下得差不多时,自己再飞快地往下跑。

在去幼儿园的路上,有两棵果树,从没见过它们开绚烂的花朵,却总能看到那一簇一簇的果实,由小变大,由绿转红,好像每天都与昨日不同。夏天的晚上,我们两个坐在树下吃冰淇淋,看杂志,然后再慢慢悠悠地回家。有时候我们路过沃尔玛买东西,他就在三楼看书,或者看永远也看不完的《猫和老鼠》。还有几次,我们遇到了大雨,稀里哗啦地往家跑。

我还记得,三年前的铁锤常常在路上找出各种可以不上幼儿园的理由,走着走着,就会绕到我前面来让我抱,奶声奶气地和我说着话。

前天大雪,他在幼儿园前面的空地上跑出很多个脚印,恍惚好像是个大孩子的脚印了,想想几年前的冬天,他还是个需要大人牵着手走路的小棉花球呢!

很庆幸,我们选择了离家不远的幼儿园,这样我们可以走着就到了。

很庆幸,我们没有选择离家太近的幼儿园,这样,我们还有一条熟悉的美丽的路可以走。

我喜欢这条像脉冲信号的小路,曲曲折折,都是爱。

第五章
柔软地面对孩子的问题

在孩子的成长过程中，都会遇到这样那样的问题，解决了 A 问题，还没等你喘息，B 问题又接踵而来。这是非常正常的事情。但是在解决问题的时候，方式方法非常重要，有的问题需要面对面、硬对硬地短兵相接，有的问题就需要长期、耐心、柔软的持久战。

第一节　孩子，你可以和陌生人说话

我们不可能让孩子永远在我们的眼皮底下生活，不能给他提供一个真空的环境。因为大人不能保护他一辈子，所以让孩子拥有自我保护的能力就显得格外重要。

我很小的时候，老人常对我说"拍花的"。就是一个老头的手里拎着一个大布口袋，另一只手的手心里涂抹一种迷幻药，只要他的手心在小孩的面前一晃，小孩便失去了意识，被他装到大布口袋里扛到肩膀上，卖到很远的地方去，再也见不到自己的家人了。我的童年很恐慌，只要看到手里拎着东西的老人就莫名地害怕，远远地躲着走。

如今我已为人母，看到报纸上绑架、拐卖儿童的案例，心里也是一阵阵恐慌，现在几乎每家都是一个小孩，所以孩子的安全格外重要。有的父母会告诉孩子千万不要和陌生人说话，看着像好人的陌生人也不要理

睬,因为在生活中"大灰狼"常常会披着一件羊皮外衣。甚至有的家长紧张地在孩子读了初中以后还要每天接送上下学。我觉得这种方式的确可以保护孩子相对安全,但是难免有些因噎废食了。因为孩子早晚有一天会离开我们,用自己的眼睛去审视这个世界,用自己的心灵去辨别周围的人。

我们不可能让孩子永远在我们的眼皮底下生活,不能给他提供一个真空的环境。因为大人不能保护他一辈子,所以让孩子拥有自我保护的能力就显得重要。

我们不能要求孩子不和陌生人说话,这种过度的保护对于孩子也是一种伤害。好像唐三藏始终待在孙悟空用金箍棒画的保护圈里,永远没有机会去辨别谁是好人,谁是妖魔鬼怪。一旦有一天他离开了孙悟空,就容易偏听偏信妖怪的话,险酿大祸。

如果我们一味地将陌生人妖魔化,孩子就会自私、多疑,不容易结交到知心朋友,这一切无疑给孩子的心灵成长设置了障碍。

不要害怕孩子接触陌生人,但是我们要告诉孩子和陌生人打交道的技巧。

一、要学会分辨陌生人的话。首先要告诉孩子不要吃陌生人给的东西,即便是你多么喜欢的零食也不要吃。而且在放学的时候,由固定的人接,如果有陌生人说是你父母的朋友代替他们来接你时,千万不要相信。选择和老师重返教室,给父母打电话。如果陌生人对你说自己丢了东西,要你陪着去找,那么一定要拒绝。不论他的样子多么可怜,都要告诉他,你在等你的爸爸,他很快就到了。当对方热心地向你打听你的家庭情况时,你没有必要告诉他。

二、要学会求救。如果在你遇到危险时,你要看周围是否有警察,向他们求救是最有效的。如果是在商场一类的场所,就要向周围的身穿制服的工作人员求助。记住父母的姓名和电话,以方便和家人联络。如果怕忘记，家长可以把自己的联络方式写在卡片上装在孩子的口袋或者书包里面。

三、要保护好自己的身体。在铁锤很小的时候我就告诉他，你的身体只有父母和医生可以触摸。除了我们任何人都不许碰。不论是男孩女孩，我们都有必要告诉他（她）要保护自己的身体不受侵犯。

还有一些小细节，例如在孩子独自一人拿出钥匙开楼下的单元门时，要留意在身边有没有可疑的陌生人盯着你，如果有，千万不要拿出钥匙。这些生活的小细节，我们都要留心。

可能有些家长觉得这样说的时候孩子都是答应得很好，只怕真的遇到了危险，他早都忘到脑后了。为了避免这种情况，我们可以在家中和孩子做类似的情景游戏。提供给孩子几种可能的情况，来锻炼孩子在遇到问题时的反应，我们也可以及时发现问题予以纠正。

在陌生人中，有的可能是喜羊羊，有的就是灰太狼。该如何分辨，还要靠孩子自己练就一双火眼金睛。

第二节　孩子，你可以打架

铁锤上大班后发生的几件事情，挑战了我的教育理念。

我一直告诉铁锤不能打人，因为打人是野蛮人的行为。我们是文明人，拒绝使用野蛮人解决问题的方法。在小班的时候，如果铁锤被小朋友欺负了，他一般都是选择去告诉老师，让老师来解决。当然这种情况是极少的，铁锤比较乖巧，从不惹事。可是，升入大班后，班里有个叫博博的小男孩总是欺负铁锤，无缘无故地把铁锤的铅笔盒摔烂，还把铁锤的画故意揉得皱巴巴的。每次铁锤都和他讲道理，他都是承认错误，但是下次还犯。看着铁锤回家后气呼呼的样子，我知道，我一直以来的教育方法出现问题了。

我决定，让铁锤学会打架。

想了很久后,我告诉铁锤,可以打架。因为我们做事情是要看对象的。如果对方是文明人,我们就用文明人的方法和他讲道理,如果是野蛮人,他当然不能接受文明人的方法,所以我们只能用野蛮人的方式和他交流了。我知道以铁锤的体格,和同龄的小孩打架都占不了上风,但是不能让他放弃了反抗的权利。铁锤说老师不让打架,我告诉他老师喜欢以自己方式解决问题的小孩,不喜欢跟着老师屁股后面告状的孩子。后来的几天我一直在观察铁锤,还好什么事情都没有发生。其实在我心里还是很抗拒孩子打架的。

终于有一天,铁锤回家说他和博博打起来了!起因是博博一定要把铁锤挂在书包上的喜羊羊挂坠给拽下来!铁锤不肯,用身体护着书包。博博就像以前一样上来打他,铁锤说他拿着书包就向博博冲过去,和他打起来了!我问他后来怎样,他说博博就停手了,还朝着他笑!小孩子也是欺软怕硬的!其实不需要打个头破血流,只要你有反抗的意识,他就怕了!我问铁锤老师是否因为打架批评他了,他说老师没看到。我知道就是老师看到了,只要不是很过分都不会管的,因为毕竟是大班了,孩子必须具有自己处理问题的能力,这样才能更好地为上小学做准备。通过这件事我明白了,教育小孩子不能用一成不变的方式。

把别人的孩子打哭了怎么办?

有的妈妈看过文章问我:小桥姐,如果自己的孩子被打还好办,可是自己的孩子把别人家的孩子打哭了,我该怎么办呢?你说让小孩自己解决问题,可是孩子不具备解决问题的能力。被打孩子的妈妈特意带孩子来我家玩,结果她的孩子还被打哭了,我该怎么教训自己的孩子呢?

现在家里几乎都是一个小孩,是宝贝,几乎都是妈妈们担心孩子在和别人玩耍的时候被欺负,还是第一次有妈妈担心自己的孩子把别人打哭的!

这是一个善良的、懂得为别人考虑的妈妈,但是善良的人也未必知道正确的解决方法。

谁都知道孩子的成长伴随着磕磕绊绊,尤其是小孩子间发生矛盾、诉诸武力是再正常不过的。因为孩子的语言能力各有不同,所以他们一般不会像大人一样有理有据地理论,只有选择最直接的身体冲突。铁锤小时候也如此。本来和小朋友你来我往玩得好好的,不知为什么,瞬间就变换了温馨场景,一下子剑拔弩张起来!有时候铁锤被打了,委屈;也有时候铁锤把对方打了,他还理直气壮地和我理论。一般情况下,我都不会过分地"教训"铁锤。首先不论事情起因为何,两个孩子都动手了,所以谁都有错,各打五十大板。如果我的孩子把对方打哭了,我会客气地去哄哄对方小孩,但也绝不会对对方的家长感到如何愧疚。虽然对方哭了,原因可能是我儿子的拳头比较硬,但也可能对方孩子非常娇气,喜欢渲染气氛。像我一个朋友说的,小时候和别人打架的时候,不论把对方打得如何惨,都要争取哭得最大声,这样容易博取同情。

孩子打架,不论他们多小,都应该本着愿赌服输的原则。既然双方都选择了用武力来解决问题,那么就应该承受武力所带来的一切后果。

孩子可能还没有好的处理问题的方法,但是他们懂得用头脑思考问题,也懂得在发生的事情中总结、归纳。

如果铁锤被对方打败,那么铁锤应该有自知之明,不再企图用武力来解决问题;

如果对方被铁锤打败了,那么他也应该清楚,他还不是铁锤的对手,下回就换一个方式来 PK 吧!

所以那位带孩子来你家玩的妈妈肯定也知道这一点,如果她是一个通情达理的妈妈就不会期待你把自己的孩子也打个落花流水、涕泪横流来补偿自己孩子遭受的"痛苦"。如果她用眼神暗示并期待你对自己的孩子有所"动作"时,那么你马上可以下决心,再不要和这个孩子一起玩了。因为她的孩子玩不起,更因为她和你不是一路人。

如果她是一位通情达理的妈妈,我们可以这样解决问题。我会和两个孩子分别做工作,做到他们破涕为笑、尽释前嫌,继续在一起玩。那位妈妈可能会问,怎么把怒气冲冲的两个孩子说到破涕为笑、尽释前嫌呢?我举个例子,铁锤常和他姐打架,两个人都来真格的。我就会对他姐姐说:"就你这小细胳膊还和铁锤打架?你看他的胳膊都有你两个粗了。要不是刚才我拉架的时候偏向你,你的胳膊估计都被铁锤掰断了!"他姐一听我偏向她了,心情就大好,从刚才的委屈转成了对铁锤的同情。然后我对铁锤说你怎么还和姐姐用那么大力气呢?妈妈只生了你一个小孩,将来妈妈老了,有什么事情你就得和姐姐一起商量着。如果你把姐姐打坏了,将来有事你找谁商量去?再说她那么瘦,你这一拳出去她还不得被打上了天?铁锤听了,心里也很受用,知道自己力气大,但不靠力气倚强凌弱!两个孩子的心理都因为我和他们泄漏的小秘密而得到了满足,于是马上和好如初!

对待孩子和他的玩伴就要如此,孩子之间哪里有什么深仇大恨呢?家长要抓住他们最看重的方面给他们做思想工作,孩子之间的关系就会乖乖地朝着我们期待的方向走。

总之,如果我的孩子把别的孩子打哭了,我绝对不会为了照顾别人的心理感受而劈头盖脸给我儿子一顿训斥,也不会为了显示我们的家教严格而对他大打出手。因为我从不会因为别人的所谓眼光而去损害我的小孩的心理健康。

说到底,关爱孩子的心理是每个家长应该做的事情,这话可不是说说那么简单。

第三节 面对犯罪,我们该让孩子如何

犯罪分子不是灰太狼,我们也不是羊村里的羊,不可能像动画片里演的那样,弱小的羊一方总能通过智慧取得最后的胜利。

　　一个周末我和铁锤走在繁华的街区，忽然发现前面有一个年轻男子一直试图将手伸到前面一位阿姨的口袋里。我知道他是一个特殊职业者，为了维护社会的正义，作为一个普通市民我应该制止男子的这种行为，并且告诉那位阿姨一定要保护好自己的财务。可是懦弱的我没有这样做，我甚至拉住孩子用眼神暗示他不要出声。就这样那名年轻男子一直尾随那位阿姨十几米，让我心里安慰一些的是因为阿姨匆忙走路，他一无所获。我在心里安慰自己，即便我没有制止犯罪行为，阿姨也没有受到任何经济损失。就这样，我为自己的懦弱找到了一个出口。

　　回到家以后，我惊魂未定。铁锤相反，甚至还有些兴奋，因为他终于看到小偷了。我觉得好笑，以后的人生道路上不美好的事情多着呢！这才只是一个开始。

　　忽然铁锤问我：妈妈，为什么小偷偷人家东西你不去制止呢？

　　一句话把我问了一个大跟头。

　　是呀，我们从小就学习应该和犯罪分子作斗争，我们每个人都有维护正义的义务，我们都应该见义勇为，但是那一刻我真的不敢。

　　我是一个弱女子，还领着一个孩子，我怕得太多太多。

　　犯罪分子不是灰太狼，我们也不是羊村里的羊，不可能像动画片里演的那样，弱小的羊一方总能通过智慧取得最后的胜利。

　　我告诉铁锤，妈妈的责任就是保护好孩子的安全，其次才是去保护其他人的安全和利益。我不知道孩子到底有没有明白我的意思，我自己也觉得我的理由太过苍白。

　　晚上，我和爱人谈起了这件事。我的疑问是我是不是一个不好的公民？看着坏人在我面前实施犯罪，而我却无动于衷。这样的我没有正义感，是不是会给孩子一个不好的指引？

　　爱人对我说了这样一番话，我觉得比较专业，也让我心里安稳许多。他说我一个女人本来就是弱势群体，还领着一个孩子就是弱势中的弱

势,即便我想去制止犯罪,我也没有制止犯罪的能力。相反如果我大喊大叫,也许会导致更多的人员伤害,得不偿失。在没有能力制止犯罪的情况下,最好的方法是就近报警,在打击犯罪的同时也能够很好地保护好自己。我说那我报警了以后罪犯的犯罪行为已经结束了呢?他说打击犯罪不是硬碰硬地蛮干,而是应该选择策略性的打击。

记得我最喜欢的警察——公安大学的王大伟教授曾经说过类似的一段话,在以往打击犯罪的时候大家都说要勇于牺牲、舍生忘死,其实实践下来不是这样的。在敌强我弱的情况下,斗争会导致无谓的牺牲。因此,要结合实际的情况,在遭受犯罪侵害时,审时度势,冷静分析,采用斗智斗勇相结合的方式进行周旋。在现代西方社会,警察与学校教育孩子们要重视个人的生命与生存的权利。例如在宣传材料中,教育儿童在被抢劫犯罪侵害时,在敌强我弱的情况下,可以放弃财产而保全自己的生命,这样做不但不会被大人批评,反而值得肯定。

这样看来我今天的做法基本上算是对的,我心里舒服了很多。听说在西方国家会给一些身体不占优势的人群配备警笛。一旦吹响这种警笛,它便会发出独特的频率,这样一些弱势群体在看到犯罪的时候可以不声不响地吹响警笛,附近的警察就会及时赶到。这样不仅及时报了警,同时也保护了自己的人身安全。

我们要对孩子这样说:面对犯罪,如果你是弱者,那么就要先保护好自己,然后再去策略性地面对犯罪。因为大喊大叫,绝对不是解决问题的好方法,相反可能还会激怒对方,引起更多的麻烦。

不论什么时候,保护好自己身体和生命安全才是最最重要的。

 **第四节　我们要不要让孩子变得世故**

一次,铁锤考试回来后说在考试的时候他旁边的同学偷看他的试卷。考试后那个同学给了他两块夹心饼干!

他说的时候十分轻松,但是我却听得很震惊!

这是我第二次听他说那个同学偷看他的试卷了,第一次是发生在不久前的一次英语考试上。铁锤是个单纯、随和的小孩,还不懂得竞争,所以也不介意别人看他的试卷。但是那个小孩很厉害!可能是心里也清楚看别人试卷不是光明正大的行为,所以用两块夹心饼干给铁锤,权作"封口费"了。

两块夹心饼干在成人眼里是微不足道的东西,但是在孩子的世界里就非常有价值了。

我没有告诉铁锤下次要把自己的试卷盖得严实,不要让别人看。因为我觉得他们还太小,我不想将这种"偷看"联系到"作弊"一词。但是这件事还是让我心里感觉怪怪的,不是那个孩子转过脸来偷看试卷,而是偷看后给铁锤的那两块夹心饼干。

铁锤看着成熟,常常说出大人话来,其实他的内心很单纯,可能生活在我们这种简单的家庭,想变得世故圆滑也难吧。我们都知道在这个世界上话说得好听一点,事办得漂亮点,人活得圆滑世故点,常常会起到事半功倍的效果。可是我觉得他们还是个单纯小孩,小孩就应该有小孩的样子,说小孩的话,做小孩的事。应该有点简单、有点天真,甚至有那么一点可爱的"傻"。铁锤就是这样的小孩,他在简单的家庭长大,所以头脑也很简单。可是那个小孩,就很懂得"处世之道",长大后会非常的不简单。

如果铁锤继续这样简单下去,我担心他终有一天会吃亏的。可是我又不喜欢他变得那么世故,失去了一个小孩应该有的干净、纯粹。所以我尽量不给他灌输那些不美好的东西,总怕那些东西玷污了他的眼睛。<mark>我也清楚,我不能够提供给铁锤一个"真空",我们的小孩总有一天要长大,走进这个纷繁芜杂的世界,他的眼睛不再像今天这般纯净,为了保护好自己,他的心灵会结一层硬硬的壳,不会像今天这样柔软。但是我还是希望他能够简单得久一点,纯净得久一点。</mark>

每天我看着熟睡的铁锤,都会有一种担忧,我很怕他长大。因为在

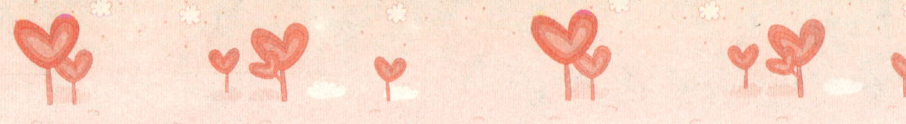

他成长的过程中将会有很多事情我无法和他说明，我说不清楚为什么有些时候1+1不能等于2。

有时候成长就是一种破坏，而我们在受伤害中不断长大。

作为妈妈，我也是矛盾的，盼他长大，又怕他长大。希望他游刃有余，又怕他失去了那份纯真。

第五节　骂人是成长的必经之路吗

如果孩子发生了骂人的情况，作为家长也不用太过担心，告诉孩子这不是好听的话，不要说。但是态度一定要温和，不要吓唬孩子。如果孩子以后不再有类似情况发生，就不必再提，好像这件事不曾发生过一样好了。

我有一个离异的朋友，当初他离婚时我们都劝他不要离婚，他妻子是个很能干又顾家的人，但是他非常坚持。后来他们离婚过程中，有一次他们在人前吵架，具体原因我们都不清楚，只听见他妻子不骂人不说话，把那个"妈"字挂在嘴上。当时我们都愣了，心想也是受过高等教育的女人呀，怎么这么说话呢？人前能做到如此的女人，关上门两个人过日子该有多过分？真是不敢想象。他离婚后，别人说他前妻真孝顺，只要说话就把"妈妈"放在嘴边。还有朋友打趣，说他前妻说话比如汤药，那句骂人话就相当于药引子，吃药前必须先服用药引子，一个道理。

我不是那种极柔和的女人，但我从不说脏话。尽管有朋友说我总是欺负人不带脏字的，但我真的没骂过人。我非常讨厌骂人的人，有什么消极的情绪可以讲道理，没有能力组织语言的人才会选择骂人这种低级的方法。不论在什么时候，在我心里，骂人永远都是没有素质、家教不好的表现，所以在孩子的成长过程中，我非常留意他的语言清洁度。

前几天我和铁锤在外面玩滑板,忽然我听他说了一段顺口溜。课外班有一个孩子行为上有一点问题,经常和其他的同学发生肢体冲突,总是仗着身材高大欺负同学。所以这些孩子很气愤,就编了一个顺口溜:XXX的妈,戴着玫瑰花……后面就跟着一些不好听的词。我听了后心里一惊,有点不相信自己的耳朵。就问铁锤说的什么?他又重复了一遍。我知道他们都不喜欢这个同学,我说你们对这个同学有意见,干吗编这顺口溜说人家的妈妈呢?他回答说他有问题,是他妈妈没教育好。而且他是他妈妈生的孩子,所以他的妈妈应该负责任。我问他这段顺口溜谁编的,他说是一个同学。我告诉他这里面的词以后不要说,他说有的同学就说,还问我这词什么意思呀?我说这个词就是"虚词",没有实际意义。但是不是好听话,脏话说的次数多了,嘴巴也会变脏的。

后来他的兴趣从这个词上面挪走了,但是我的心里却非常难过。那份难过就好像是你长期拥有一件完美瓷器,某一天忽然发现上面有一个小小裂痕。

以往常听朋友说起谁的小孩骂人如何如何,我都不太在意,总觉得我提供给孩子的这个家庭氛围相对纯净,绝不会让他学会脏话的。可是孩子不仅仅在我面前长大,他还要接触外面的环境和其他人群,我不可能拿着过滤器在每个人身上都"扫"一次雷,所以今天我可爱的孩子竟然也说出了脏话,而且因为好奇,还和我探寻这句脏话的意思!

曾经看过一句话,说一个孩子的成长过程就是不断受伤害的过程。这一刻,我好像真的理解了一点这句话的意思。

那天我和朋友说起这件事,我感慨难道骂人是孩子成长的必经之路吗?她说她高中的儿子在压力特别大的时候偶尔也冒出一句脏话,她没有制止孩子,她把孩子偶尔的说脏话当做枯燥高中生活的一种发泄途径吧。毕竟这只是孩子自己说出来,没有用在别人身上。

接下来的几天里,我很留意铁锤的语言,还好再没有那些词语冒出

来。我总结了下,为什么孩子会骂人?

首先是因为好奇。这些词语在他平时的生活环境中从未听到,总觉得新奇。而且小孩子都有探寻的心理,因为词语陌生所以印象深刻。还有一般家长遇到小孩子骂人的情况,先是会吃惊,继而生气,然后很严厉地告诉孩子再不许骂人了!可是孩子都有一种心理,就是你越不让他做什么他偏要做什么!压力越大,反抗的力量越强。所以很多家长越是不让孩子说脏话,反复强调,在孩子心里越是强化了说脏话这件事,让孩子忘也忘不掉。还有小孩子都有一种"从众心理",只要是和大家一样的,就是好的。类似一种流行,你这样,我也一定要这样,否则好像就不合群了。

根据我的经历,如果孩子发生了骂人的情况,作为家长也不用太过担心,告诉孩子这不是好听的话,不要说。但是态度一定要温和,不要吓唬孩子。如果孩子以后不再有类似情况发生,就不必再提,好像这件事不曾发生过一样好了。

这件事情让我郁闷了好几天,还好,再没有发生过。

在一个孩子的成长过程中,总会有很多的问题发生,有些你能够预料得到,但是更多的问题你预料不到,会出其不意地到来。

坦然面对,冷静解决。

第六节　你会吃孩子的剩饭吗

如果你吃了孩子的剩饭,那么在孩子的心里你吃他的剩饭就是天经地义的事情,他会把这一切当成一种习惯,以后他会大胆地剩饭,然后自然而然地将剩饭的碗推到你的面前。如果你不拒绝,这个习惯会延续到老,甚至等他有了孩子你还会吃他孩子的剩饭。

有一天朋友问我,会不会吃铁锤的剩饭?我告诉他不会,他觉得很不正常,因为很多妈妈或者爸爸都会吃孩子的剩饭,毕竟浪费了可惜,粒粒皆辛苦。

可是我不吃孩子的剩饭,不是因为我在生活上浪费。而是因为我觉得我和铁锤是平等的朋友关系,朋友之间没有吃剩饭的必要。没见过一起吃饭的朋友之间,谁把谁的剩饭给吃了的。

很多妈妈会觉得孩子小,所以他们吃过的饭不脏,大人如果不吃扔掉就可惜了。很多老人还会说小孩子剩的饭是"福根儿",谁家会把"福根儿"扔掉呢?大家都应该争抢着吃,所以不是妈妈就是爸爸会很开心地把"福根儿"吃掉。可是换个思维来想,难道大人比孩子脏吗?大人吃过的剩饭扔掉就不可惜吗?难道大人的剩饭是"祸根"吗?

我的观点是如果铁锤不吃我的剩饭,那么我绝对不吃他的剩饭。

既然我们是朋友,那么我们之间就应该是完全平等的,所以没有只能我吃他剩饭而他不吃我的剩饭的道理。

最近铁锤和我之间总玩一种游戏,有时候我会对铁锤说:铁锤,给妈妈拿杯水。铁锤就会跺一下右脚并将右手五指并拢举到耳上,大声说:Yes,sir!然后会跑到厨房给我拿一杯温水。有时候铁锤学习的时候也会朝我的方向大声说:妈妈,拿一杯水给我。我也要大声给铁锤敬礼并说"Yes,sir",也要马上给他奉上一杯水。说这句话的时候铁锤的表情很有意思,还带有一点傲慢的成分,丝毫看不出他命令的对象是他的妈妈。我不觉得这是没有礼貌,也不觉得这里面包含不尊重的成分,只觉得我们是真正的朋友,很平等、融洽,也非常自然。

我要求铁锤做的事情,铁锤也可以要求我做。如果我要求铁锤今晚不看电视,那么铁锤就可以要求我今晚不许上网甚至用手机也不可以。如果铁锤在写作业,我也不会在旁边娱乐,我会在一旁写日记或者读书。我觉得我和铁锤是真正的朋友,我不会因为我为铁锤提供了物质生活和

无微不至的照顾,就强制他对我言听计从。他是我的朋友,不过现在他还小,没有照顾自己和养活自己的能力,目前我做的只是一个必要的过渡,最终他会拥有丰满的羽翼,展翅飞翔。我希望在那一刻,铁锤依然会记得我们还是最好的朋友。

因为我们是好朋友,完全平等,彼此尊重并且珍惜,所以我选择不吃他的剩饭。

如果你吃了孩子的剩饭,那么在孩子的心里你吃他的剩饭就是天经地义的事情,他会把这一切当成一种习惯,以后他会大胆地剩饭,然后自然而然地将剩饭的碗推到你的面前。如果你不拒绝,这个习惯会延续到老,甚至等他有了孩子你还会吃他孩子的剩饭。

我认识一个小孩就真的说出来他的妈妈喜欢吃鱼头的话来,而且当时他都是十几岁的少年了。我觉得不论这个孩子学习多么好,身体多么棒,他妈妈的教育都是失败的。

所以,为了平等,我不吃孩子的剩饭,孩子也不吃我的剩饭。

也为了"粒粒皆辛苦",我选择每餐给孩子少盛一点饭,既不浪费,彼此也没有吃"福根儿"的压力。

第七节 孩子哭吧,不是罪

"哭"其实是一个很好的压力发泄途径,我们应该鼓励孩子自己能够排解自己的情绪。那么在孩子哭泣的时候,妈妈该怎么做呢?要听之任之,看他哭个昏天黑地吗?妈妈要做的很简单,轻轻地揽过孩子的肩头,用脸颊触碰孩子的额头,拍拍他的后背,告诉他没什么大不了的,妈妈和你在一起努力呀!

我遇到过这样一位妈妈。她是一个上进心很强,并且要求完美的女

性。在孩子哭泣的时候,她会告诉孩子要坚强,不要哭。她的爱人是个事业有成的男人,也很坚强。同时他的工作特别忙,在家里陪孩子的时间少之又少,偶尔和孩子单独在一起的时候,和孩子交流得不是很好,有时候孩子哭闹,他特别接受不了。不仅不喜欢小孩子哭,甚至在和妻子吵架的时候他告诉妻子:宁可你来打我,也不要哭!

  他们让我想起小时候遇到这样一类家长,在批评孩子的时候孩子害怕,放声大哭;他们马上一句硬邦邦的命令——憋回去!潜台词就是犯了这么大的错误,还有脸哭!然后孩子迫于压力真的就憋了回去,可怜地站在那里抽泣、哽咽,眼泪吧嗒吧嗒地往下掉。我不知道那个可怜的孩子是不是真的摆脱了恐惧和悲伤,只是觉得他的家长够狠、够霸道!

其实哭泣不是懦弱无能的表现,它只是孩子的一项本能。

  我们知道医生通过新生儿的第一声啼哭可以判断出他是否是一个健康的生命。如果一个新生儿好久不哭,医生还会在他的小屁股上打几下,让他响亮地哭出来。刚出生的婴儿和幼儿总是习惯于通过"哭"来表达自己的需求、不满和愤怒,在幼儿的哭泣行为中,只有极少数是以哭泣为手段的无理取闹,更多的是孩子情绪的一种宣泄。就像我这位朋友的小孩,他对自己要求很严格,一旦他发现自己在某些方面不如其他的小朋友时,他会回到家里不开心地哭泣。在哭过以后一切照旧,他会努力去达到那个小朋友的水平。所以这种哭泣是理性的,类似大人的情感发泄。在现实生活中,谁都会有不开心、不痛快,无处发泄时,常常会选择痛哭一场。这种哭泣不意味着以后就自暴自弃消沉下去,相反哭泣以后,他又信心百倍地投入到了未来的生活和工作之中。

  这样的哭泣,对于大人和孩子来说,都是有积极作用的。

  所以这样的哭泣,我们作为家长不能让他"憋回去",相反我们要鼓励他勇敢大方地"哭出来"。

第五章 柔软地面对孩子的问题

但是很多家长不能够接受孩子哭泣,他们的印象里哭泣意味着懦弱、失败,是无能的一种表现,小孩子不能哭,小男孩更不能哭!常常看到一个小男孩摔倒了,疼得不得了,妈妈在一旁竖起大拇指说:宝宝不哭,真棒!宝宝是男子汉!小孩子本来已经盈在眼眶里的眼泪生生地又给"咽"了回去!因为,在传统的印象里,男孩子是宁可流血也不能流泪的。

所以在很多家庭要制止孩子哭,更有一些家长非常看不得孩子哭。孩子一哭,随手就给一巴掌再加一句:"你给我憋回去!"久而久之,孩子没有了以哭去作"情绪发泄"的习惯。

"哭"其实是一个很好的压力发泄途径,我们应该鼓励孩子自己能够排解自己的情绪。那么在孩子哭泣的时候,妈妈该怎么做呢?要听之任之,看他哭个昏天黑地吗?其实,妈妈要做的很简单,轻轻地揽过孩子的肩头,用脸颊触碰孩子的额头,拍拍他的后背,告诉他没什么大不了的,妈妈和你在一起努力呀!

人活在世上,谁都有压力,包括看似无忧无虑的孩子。

压力就像气球里面的气体,压力适当,就会让气球鼓起来,很漂亮。压力过大,气球壁变薄,随时都有爆裂的可能。所以为了让气球漂亮又安全,一定要压力适当。那么有过多的压力怎么办,只有一个方法——释放。

哭泣是孩子释放压力的最佳方式。

我告诉我的朋友,她向我咨询的关于孩子的问题一定可以解决,但是前提是她必须要给孩子哭的机会。因为她要求完美的性格给了孩子过多的压力,所以一定要给他一个释放压力的途径。

第八节　妈妈,有女生说爱我

这种来自于父母、老师以外的欣赏和肯定会给孩子更多的信心,相信这个小女生的"爱"能够成为铁锤完善自己的动力,让更多的孩子"爱"上他!

有一天晚上,我和铁锤在外面散步。照常聊一些学校里的事情,忽然他说了一句:我们班XXX爱我!我很奇怪,对方是一个女孩,字写得很漂亮。我问铁锤你怎么知道对方爱你呢?铁锤说下课的时候这个女生总追着铁锤要和他玩,还对他说过"铁锤,我爱你!"我问他这个女生是对所有的同学都这样吗?他回答不是。我问铁锤心里怎么想,他很生气地说:都烦死了!

原来就听说过有的一年级的小女生给班上的男生写"情书",上面一大堆用拼音和汉字组成的内容,里面有不少错别字,但是在信的中间用红色的水彩笔大大地写了一个"爱"字。这件事被大家当做一个笑话说来说去,原因是小小年纪还谈起了恋爱?而且胆子这么大,还要倒追男生?

这次铁锤遇到了类似的事情,身边的人都很急切地想知道我的想法。是不是我也会很激动,把这个当做"早恋"的苗头。

不好意思,让大家失望了,我一点也没有激动、气愤,相反还有些高兴。毕竟这说明我的铁锤是有点魅力的,还有女同学喜欢。那个女生对他说"我爱你"不关乎恋爱,只是她对铁锤某一方面的欣赏,然后勇敢地表达出来而已。我很欣慰,因为我的儿子有人欣赏,我也要感谢那个小女孩,她和我志同道合,因为我们有着相同的审美。

这是个勇敢表达、善于表达的女孩子，很不一般。

小女生的这一句"我爱你"，不过是简单的喜欢或者是羡慕，我们作为家长没有必要怒不可遏地把她归纳到"早恋"的范畴。小孩子其实很简单，都是成年人用自己的复杂思维把孩子想复杂了。然后不讲究方式，不由分说给孩子扣上一顶"早恋"的大帽子，将他们生生地推到一个另类的群体，让大家都对他们"刮目相看"。本来孩子简单得什么都不懂，这样一番轰炸式的教育后，孩子一下子开窍了，什么都"懂"了，真的开始在这方面上心了。那个时候，倒霉的不仅是孩子，还有望子成龙的家长。

孩子是我们自己的，要有建设性的来爱，而不是捕风捉影、疑神疑鬼。

我们是孩子的监护人，要满足他物质和精神上的需求，但不能因为我们给了他生命和生活，就演变成了掌握生杀大权的"君臣"关系。说到底我们和孩子就是一种合作关系，我们为孩子提供物质生活和正确导向，孩子负责努力成长，我们有一个共同的目标：孩子长大后可以拥有健康的身体和心理，成为一个自食其力的人。

后来我问铁锤她喜欢你哪一方面？铁锤说不知道，我告诉他可能是因为你成绩好、懂礼貌。所以你要更努力一点，让体育成绩也好起来，字写得再漂亮点，这样就不会只有一个女生爱你了，我相信全班的同学都会喜欢你的。

这种来自于父母、老师以外的欣赏和肯定会给孩子更多的信心，相信这个小女生的"爱"能够成为铁锤完善自己的动力，从而让更多的孩子"爱"上他！

第九节　孩子，你要学会做配角

既然要做绿叶，我们就做那片最浓绿、最舒展、最快乐的绿叶。

铁锤上一年级的时候，被黑龙江电视台少儿频道选做了主持人，同时还参与一档儿童美食节目的录制。从他到电视台的第一天，他就是主角，男一号。可是参与录制的节目多了，不可能每一次都是众人瞩目的男一号，后来发生了这样的一件事。

那次是我和铁锤去龙塔做节目，是少儿频道成立五周年庆祝活动的一部分。那天的小孩有二十几个，有那些每天晚上能在电视上看到的"小明星"，也有从别的城市赶来的素不相识的小朋友。

原来是安排铁锤参与比赛的，后来导演觉得铁锤的年纪偏小，建议做拉拉队员。其实我无所谓铁锤是什么样的角色，只要他能来参与，我就觉得开心。可是铁锤好像不这样觉得，他很在意这个"排名"的先后。他要做台上闪亮的角色，不要做台下抢答的队员。

别的小孩都在热火朝天地参与活动，只有铁锤跑到台下来玩我的手机游戏。我不愿意在那种场合弄得孩子哭，既然来了，就坚持到最后吧，哪怕是在台下玩游戏呢。

在休息的空当，担任主持人的朋友从台上下来，好说歹说又把铁锤领上台去，反复叮嘱。整个过程，铁锤都很游离，不在状态。但也还坚持下来了，得到了一张有主持人签名的海报。

后来铁锤还是比较开心，吃到了美味的蛋糕。

晚上朋友给我打电话，说明铁锤没能成为主角的原因。在电话里她对我说了这样一句话："小桥，你应该让铁锤适应一下做配角。"放下电话，这句话我想了好久。在铁锤的成长过程中，他少有做配角的经历。在口才班的节目安排上，他在参与的所有节目中都担任A角。所以今天的情况，他很不适应。

都说人生如戏,一个人不可能在每出戏里都是主角。或者今天是主角,明天就变成配角。我们看得多了当年舞台上风光无限的当家花旦,明天可能就是路边没有一句台词的踟蹰老妪。在这一刻,有人是A,就有人是B,是C,或者D。

很多时候,我们没有能力改变周围的环境,所以只能改变我们的心态。

可能你非常想做高高昂起头来的红花,可是不幸,偏偏做了下面众多绿叶中的一片。你伤心、失落,可是依然没有变成红花的机会。一切都不能改变,所以我们只能改变我们的心态。低下头去看看那片比我们更低的泥土,或者我们的心情会好很多。这样我们就能够安心饰演绿叶的角色,在其中得到快乐和成就。不好高骛远,做好自己的本分,这样的人生,即便不辉煌,也是快乐的。

既然要做绿叶,我们就做那片最浓绿、最舒展、最快乐的绿叶。

我爱我的铁锤,我愿意为他付出精力和金钱,我也理智地知道铁锤不可能事事都好,不会在任何方面都拔得头筹。所以即便铁锤是配角,作为母亲我也能够快乐地欣赏。我年纪大了,经历了一些事情,懂得点人生道理,可是现在铁锤还体会不到,一直顺利的他还不能接受配角这个不起眼的角色。

我想我要做的还有很多,我要铁锤知道一生要经历很多场戏,这一场你是主角,下一场你可能就是配角,或者你还可能是路人甲或路人乙。但是不论你担当哪一个角色,我们都要认真、投入饰演,人生只有一次,经历了就不能重来,所以哪一个角色,我们都要珍惜,这些都是人生难得的历练。

铁锤,不论你是主角、配角,还是路人甲、乙,你都是妈妈的好儿子,妈妈永远都为你骄傲,为你喝彩!

第十节 柔软地面对孩子的问题

曾经有一个妈妈很痛苦地和我讲述她的小孩忽然口吃的问题。她说两周以前孩子在幼儿园里,不知道什么原因忽然就口吃了。起初是说一整句话的时候口吃,到后来竟然发展到说两个字的词语时也会有口吃的现象。例如他叫"老师",他就会说"老、老、老师"。他的妈妈非常着急,问我该怎么办?

我没有见过这个小孩,但是他的口吃是在一个月前突然发生的,这就说明孩子从前说话一直很流利,他具备顺利表达的能力。那为什么他的口吃现象会越来越严重呢?我问这位妈妈在发现孩子开始口吃的时候他们是什么反应?她回答我说他们家人都非常重视孩子的问题,告诉孩子一定要好好说话。所以每次孩子口吃,他们都很紧张,恨不得马上就把孩子的问题纠正过来。可是事与愿违,孩子的问题非但没有纠正过来,相反却愈加严重了。她和她爱人都是高知,个性独立要强。所以很多时候他们对孩子要求严格些,期望值要高一些。当时她说了一个细节我很感兴趣,她告诉我他们家都很反感孩子哭,认为哭是懦弱无能的表现,因为她的事情我还曾写过一篇文章《孩子哭吧不是罪》。

根据这位妈妈的描述,我断定孩子的口吃本来是个很小的问题,但是由于家长过分地紧张和关注,同时那种希望孩子尽快顺利表达的焦虑情绪传染了孩子,所以导致孩子非常紧张,越紧张越口吃,他的问题不在嘴上,而在心理方面,只不过他的问题表现在语言上而已。

我告诉这位妈妈,回到家千万不要再和孩子提起口吃的问题,尽量淡化它，假装忽视它的存在。不要因为口吃让孩子在心里有负担，这个负担会像一块大石头一样压在孩子心上，让他没有办法流利地表达。如果孩子在家里表现口吃，妈妈可以耐心地告诉孩子放轻松，慢点说，尽量用语言和眼神暗示孩子，你可以的，这个很简单！因为家里还有其他的成员，也要告诉家里其他的人在对待孩子口吃的这个问题上大家要保持一致的态度，不然一句冷言冷语，所有的努力便都化作一江春水了。

　　我和这位妈妈说她的问题很典型，我会专门为她写一篇文字。但我不会马上写，因为我知道如果她回到家里按照我的方法面对孩子，她的孩子不出一个月，一定会改掉口吃的毛病，到那时候我再写文字。结果还没到两周时间，她就告诉了我开头的好消息，她说他们全家人特别开心。

　　在孩子的成长过程中，都会遇到这样、那样的问题，解决了A问题，还没等你喘息，B问题又接踵而来。这是非常正常的事情。但是在解决问题的时候，方式方法非常重要，有的问题需要面对面、硬对硬地短兵相接，有的问题就需要长期、耐心、柔软的持久战。所以在我的孩子发生问题的时候，一般我不会选择对他说：你怎么这样呢！难道你就改不了吗？改正这个错误就那么难吗？我会揽过他的肩膀，告诉他：铁锤，没问题！妈妈是和你在一起的。然后给他一个用力的拥抱，把我的支持和鼓励用拥抱传递给他，再亲吻他的额头，微笑地望着他，这些都是鼓励他面对问题的信心。

不要小看了这份柔软，它很有力量，能使"百炼钢化为绕指柔"。

第十一节　要求完美是缺点还是优点

　　现在的小孩大多都是独生子女，同时家里又都很注意孩子的教育，每一个都是十八般武艺。所以很多小孩的性格里都有着要求完美的成

分,总想着要做到最好。

不过一件事情总会有它的两面性,很多性格特点从 A 角度看是优点,但是换在 B 角度上来看可能就是不折不扣的缺点。像有的孩子认真,他在做起事情来一丝不苟,但是难免遇到问题的时候会有些固执。有的孩子活泼好动,但是在上课听讲的时候难免会坐不住,专心的时间不长。

这个世界上没有真正完美的人,就像我们不可能要求一个男人"谦谦君子,温润如玉",同时他又能够"高大威猛,强势霸道"吧!哪一种都好,但也都有其各自的缺憾。

所以一个孩子的性格中追求完美既是优点,也是缺点。举个例子,我妹妹上周晚上 9 点多给我打电话,和孩子惹了一肚子气。我知道妈妈和孩子生气都是真生气,当然来得快去得也快。我妹妹家小鹜是个非常认真的小姑娘,学习、写作业都是认认真真、一板一眼,老师布置的每项任务一定出色完成。我妹妹一直以小鹜为骄傲,这样的孩子从不让大人操心,非常自律、规矩。可是这么一个认真的小孩却把大人气坏了!为什么呢?原因是她要写一篇作文,名字叫《我的同学》,她选了班级一个比较要好的同学来写。为了突出人物性格,当然也要写几件事情来诠释。她写这位同学很爱学习,甚至"课间十分钟也不出去玩,就在教室里看书"。写到这,她不愿意了,她说课间十分钟的时间很紧张,除去上下楼的时间再去一次卫生间,就到上课的时间了。所以她认为不能够写"课间十分钟也不出去玩,就在教室里看书",而应该写成"课间十分钟也不出去上卫生间,就在教室里看书"。我妹妹告诉她作文不可能每句话都是真的,还要有艺术的加工。小鹜不同意,她说作文里的每句话必须都是真的。结果哪里有那么多的真事用来写呢?一篇几百字的作文三个小时也没写完,后来我妹妹气得不得了。她说这样的孩子太固执!回头想想,她为什么固执呢,因为她认真,认真的孩子难免固执。

你的孩子严格要求自己,做手工的时候不允许自己有一点点的瑕疵,一定要重新来过;画画涂颜色的时候也不让自己有一点的留白,一定要全都涂满,甚至把纸都弄漏了。老师没有说他,但是他却哭起来。这些都是他要求完美的表现,尽管别人不给他压力,但是他却不允许自己有一点点的失误。这样的孩子严格要求自己,他这种严谨的态度会给他动力,会让他有更大的上升空间。但同时这份对于完美的追求也会带给他更多的负累,让他很难有认同感和满足感。

你说自己做事情就要求完美,甚至很多时候也会感到很累。因为你深知追求完美过程的艰辛,所以对于孩子你并没有要求他也事事完美。我相信你说的是真的,我也知道你一定非常注意。但是你为孩子提供的家庭氛围或者无意中的语言对孩子都是一种暗示,由于孩子和你在一起的时间比较久,所以做事态度潜移默化地影响了孩子,让孩子慢慢地也变成了一个完美主义者。

但是这一切不是完全不能够改变的。铁锤小时候也会有这样的问题,我总会给他定一个很高的标准。总觉得他有能力,那么就应该做好。如果他已经做得很不错了,他还希望更好。起初我是开心的,我觉得这个孩子非常懂事,知道严格要求自己,不用大人操心。慢慢地我发现孩子在面对问题的时候总会控制不住紧张,担心自己做得不够好。我觉得问题有些严重了,铁锤小的时候我常对他说"不要紧,放轻松",慢慢地孩子真的就会看淡一些东西,在面对"不如人"或者"不够好"的时候能够理性并且乐观地对待。心态平稳了,相反一切问题都迎刃而解了。

因为我很清楚在一个人的成长过程中,他不可能事事都能做好,处处都能是NO.1,所以有一个良好的心态和积极的态度对孩子来说非常必要。

我觉得如果你想让孩子改掉追求完美的习惯,首先自己要改掉这个毛病,不然你总在不经意间营造一个完美的环境给孩子,让孩子不由自主地套上完美的枷锁,寸步难行。

实际上，你不追求出类拔萃，而只是希望表现良好时，你往往会出乎意料地取得最佳的成绩。目标切合实际的好处不仅于此，它还为你提供了一个新的起点，能使你循序渐进地达到完美的高度。同时你的生活也会因此而丰富起来，轻松而愉快，一切并不像你原来所想的那样暗淡。

要求完美是动力，同时也是负担。

第十二节　准小学生竟然想退休

上小学的前几天，铁锤竟然语出惊人！他告诉我们自己好想退休！

"退休"这两个字，马上让我想起了白发苍苍、老态龙钟这样的词汇，是无论如何也不能和朝气蓬勃的铁锤扯上关系的。

可是，这个站在我面前的小孩却口口声声地说"想要退休"！

我实在不能理解，蓓蕾一样的年纪却向往着退休生活！

我们知道现在的小孩压力大，我和爱人尽量地让他轻松。没有像其他小孩子那样上很多的特长班，除了幼儿园的作业，他不需要再写什么。有些时候因为外出回来迟了，或者玩累了，我们还允许他不完成作业。为了减轻铁锤的压力，我们找了这座城市里一所很好的小学。因为从这所小学毕业直接就可以上一所很不错的中学，完全不用担心择校问题，也就没有了那些关于奥数、英语、作文的烦恼。我们想如果学有余力，而且他也喜欢，就去学习奥数，如果不能做到学有余力，那么尽量完成书本上的内容就好了。

我们这样做，不过是希望他能够轻轻松松地度过小学阶段，能有一个比较像童年的童年。

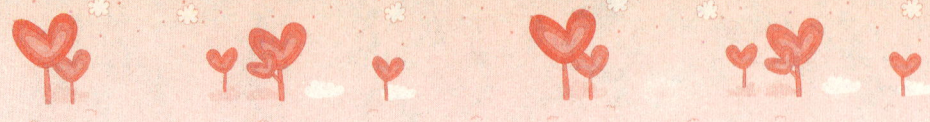

我觉得在现在的家长中,我和爱人已经是比较为孩子着想的了。每个周末,我们都尽量带他出去玩——看电影、去公园,和小朋友聚会。我们为他做一切我们力所能及的事情。

不用赚钱,没有生活的压力,没有人际关系的纷扰,小孩子的生活多么惬意!

可是这么惬意地生活着,竟然还憧憬退休!

因为他们要学习,要学习那些枯燥的、不感兴趣的东西。

我们大人常说孩子多幸福,吃得好、喝得好,每天就学习一件事。

几乎所有的父母都曾经是学生,我们都知道学习其实是一件苦差事。感兴趣的要学,不感兴趣的也要学,想学习的时候要学,不想学习的时候也要学。上学的时候老师看着学,回家后还要在父母的监视中学。更可气的是,每到期中期末还要考试,排榜,把成绩分出个三六九等。这样的生活即便吃得好穿得好,有意思吗?你愿意过吗?

所以,我家的铁锤,六岁的准小学生是如此地憧憬退休。

他向往着像爷爷奶奶那样年长,这样可以退休在家,每天可以自在地看报纸、电视,上公园去玩。可是他忽略了,年老后的病痛与失落。就像一首诗里说:一位老人说\我愿付出一切\只愿能回到年少的时光。

每个阶段都有它的美好与压力,说心里话,我也不止一次地畅想过退休。想想那些不用上班的日子,可以每天在家洗衣做饭、读书、美容、看电视剧,接送孩子上下学,任意安排自己的时间,最重要的是,退休还能赚和上班一样多的钱!所以,在我心里,退休后的日子,就等同于神仙一样的生活！

妈妈和孩子的理想都是快点退休,赋闲在家,可是我们还是会珍惜现在的生活,做好自己的本分——努力工作、认真学习！

第六章
童话般的母子关系

我问过铁锤常常感觉到幸福吗?他马上回答我:妈妈,我很幸福!

我想我撤离孩子的生活是正确的,因为我的默默关注而不大包大揽,我们才有今天童话般的母子关系。

如果你愿意,你就可以一直生活在童话的世界里。

第一节　妈妈和你是一伙的

小孩子们在一起玩的时候,有的妈妈便会问我:为什么一点也不管铁锤?

好孩子不是管出来的

这个"不管"有两层意思,一层是我不管教铁锤,在他和小朋友发生纠纷的时候我在左右旁观,不去呵斥铁锤,也不会去管教别人的小孩。可能铁锤"负伤"了,或者小朋友尝到了铁锤的拳头,如果两个孩子不哭不闹,没有不依不饶,我都不会批评。"不管"的第二层意思是在遇到一些铁锤没有做过的事情或者铁锤不应该做的事情时,我不制止,而是放任他去做。

那些爱孩子的妈妈不理解,因为小孩子可能会将争吵升级到拳脚相加,自己的孩子很可能"挂彩",或者让别人的孩子"挂彩",这都不是好事。自己的孩子"挂彩",妈妈心疼。如果换做别人的孩子"挂彩"妈妈不心疼了,却又要装出心疼的样子来。因为脸上挂不住,好像自己没有教育好自己的孩子似的。所以爱孩子的妈妈都会将矛盾降低到最低,将伤害降到最小。我不管孩子,不是我不爱孩子,而是我用我自己的方式去爱。铁锤如果在外面和别的小孩发生冲突,被人家打了,那么他将会知道以后不要用武力来解决问题,起码不要和这个小孩使用武力,因为他还不是人家的对手。如果铁锤占了上风,那么对方也要知道,不要和铁锤轻易动手,我的铁锤可不是吃素的!

我很反感在小孩子发生纠纷的时候他们的家长挺身而出,这样的父母是愚蠢的家长。小孩子有他们解决问题的方式和能力,大人的方法未必适合他们。我们不要帮孩子去解决问题,而是要给予他们解决问题的能力。因为我知道我不可能跟着孩子一辈子,总有一天他会离开我用自己的心去感知世界。如果我始终手把着手地不放开,那么离开我的铁锤就将像当年学走路一样的磕磕绊绊。

因为铁锤是男孩子,所以要有好奇的心灵,大大的胆子。所有的东西在他没接触之前都是陌生的,只有接触了一次两次,逐渐了解、熟悉,才能够得心应手。所以只要是在安全范围内的,我都放开手让铁锤做。

每一次失败都会给他启发,让他不会再重蹈覆辙。

前几天我给他买了一个蛇形魔方,在路上他迫不及待拆开包装就玩。玩了还不到两个小时,坏掉了。原因是铁锤的方法不正确,在玩具的外包装上有明确的玩法说明,可是铁锤没有仔细看。虽然损失了一个新积木,但我相信铁锤再遇到此类事情的时候他一定会比现在细心一点。

有些失败,都在我的意料之中,但是这些失败铁锤必须经历,不然他就不懂得仔细与珍惜。

如果前面有块石头,只要没有危险,我就不会告诉铁锤。跌过一跤,他以后就会认真看脚下的路。

我爱孩子,但我很少管孩子,他能做的,都让他做。

他不能做的,我教他如何做。

妈妈和你是一伙的

我们要用行动传递给孩子一个信息,妈妈始终都会在他身边,是他坚强的后盾,忠实的拥趸。

一直都这样想,我的铁锤可能存在很多的问题,例如不好好吃饭,大运动量方面锻炼得不够等等。但是无论如何我也不相信,铁锤会在学习上有问题!可是,从幼儿园反馈回来的信息就把我给震惊了,他的作业本被撕掉了一页,课堂上的小测验等到全班同学都交卷时他还只完成了一半!那个让我很骄傲的铁锤竟然在大班的第一次测验中被抢了卷子!

老师还在电话里愤愤地说着,卷子没让铁锤带回家,说是让老师一个人受刺激就好了,不能再让家长受刺激!虽然我没看到那张被强行收上去的卷子,但是,我却被大大地刺激了。他长这么大,我还没跟着丢过这么大的人呢!

放下电话,我一个人平静了好久。我觉得问题不在铁锤,主要还是在我们家长这边。因为铁锤是那种追求完美的性格,不允许一点点的写不好,稍有不尽如人意的地方,就要拿橡皮擦掉,重新写。这样一来一回,浪费了很多时间。而且卷面黑糊糊的,又脏又难看。有时用力大了,还会把纸擦烂,难怪老师会给撕掉。还有,因为我们两个人都近视,怕铁锤的眼睛不好,所以在家里几乎不让他写字。因为他没有写字的经历,

自然写得慢一些。这样一想,我的心情就不像刚才那么冲动,平静了许多。

我把铁锤叫过来,告诉他我们刚刚升入大班,大班的要求和中班不同,有一点点不适应是正常的。但是我们不能就这样等待,我们要在家里偷偷地努力,等到再测验的时候,铁锤就能写得很快,把老师吓上一大跳!这样,我们每天额外写上两页拼音,他很认真。一周后,老师又测验了,铁锤又被强行收卷了,但是却已经完成了四分之三的内容!老师在下面写了一行字:稍有进步,还要努力!铁锤因为再次没写完而感到紧张不安,我安慰他,不要紧,我们才偷偷努力了一周,就是稍有进步了,要是偷偷努力上一个月,就得速度惊人,快得让老师和同学都发疯!

就这样,慢慢地,他从班级里的"老末"变成了一个打头的孩子。很快班级进行第一届学习委员的选举,铁锤很顺利地当选了。学习委员不算什么,但是这是我和铁锤努力得来的。铁锤明白,什么都不是无缘无故得到的,但是只要我们努力,什么都能做得到。

通过这件事我明白了,在遇到这类问题的时候,无论妈妈们多么地着急,也不要再批评孩子了。因为孩子在幼儿园已经觉得很委屈,他很需要妈妈的安慰,如果这个时候你再劈头盖脸地训斥他,他就会觉得你也抛弃了他,那么他很可能就真的放弃了自己。而且你训斥了他,你也未必心情就好,试问哪个妈妈在打完孩子后不后悔得想哭呢?

无论什么时候,都要让孩子坚定不移地相信,妈妈和他是一伙的。只要两个人努力,没有做不成的事!

第二节 孩子,请不要怕我

一次和朋友们在一起吃饭,身边两个朋友说喝一杯吧,我说不如为了孩子期末取得好成绩干杯好了!他们的孩子都和我家铁锤仿佛,其中一个朋友说：现在的孩子真有主意，他女儿一张试卷考了60分，孩子回到家直接把试卷扔到了垃圾桶里面，没让他们看！我反问他是不是因为孩子成绩不好批评过孩子？他笑说没有，我说那不可能如此呀。他说他真没批评过孩子，但她妈妈对她很严格，因为成绩不好批评过。他说孩子很怕她妈妈，就知道欺负他。这时也有其他的朋友说孩子很怕自己，那表情甚是得意。

我自己想想，我的小孩怕我吗？好像不怕，开心的时候连"妈"都不叫，直接就是"梁小桥"或者是大胖子！有时候我们前后下楼，他会冷不防地跳到我的后背上。我说100斤的妈妈背60斤的小孩，真是挑战呢！他不仅不怕我也不怕他爸爸，在我们家里做每件事情都可以"讨价还价"、"据理力争"，没有绝对服从这个概念。我们也不太管孩子，只要在安全范围内，他做什么事情也没有问我们可不可以的习惯，在我们家里，没有谁是绝对的权威，凡事都是商量着来。例如给孩子买衣服、学习特长，这些都听他的意见，因为是他的事，是他在做，必须让他喜欢又满意才好。

我就是不怕大人的小孩。回头看自己完全是被娇惯着养大的，读大学前没做过任何家务，甚至每天早晨的牙膏我妈妈都会帮我挤好在牙刷上。早晨叫我几遍也不起床，迷迷糊糊地起来了，又没有胃口吃早饭。匆忙洗完脸，拿起书包就走，我妈会追在后面往我嘴里喂饭，还不停地说早上不吃饭坚持不到一个上午。我没烧过热水，没洗过衣服，甚至没有逛过街自己买点什么。用我妈妈的话说这些事情你将来做的机会有的是，不要着急。

我家人不仅不让我做一点家务，还给了我很多自由的空间。记得一次新学期开始，妈妈买了一个棕红色人造革书包给我妹妹，等爸爸妈妈上班后，我突发奇想把妹妹的单肩书包的肩带从中间剪断，然后重新缝好，变成了"双肩书包"。结果估计不足，导致双肩的肩带太短，我妹妹背不上了。我妈妈回到家，看到新书包的惨状，非但没有批评我，还给予一番表扬。后来有同事来家里，我妈妈还很高兴地和对方说我们家的女儿厉害，手很巧，能把单肩书包变成双肩的。还有一次，很小，我看到当时很多人用一种铁盒子里的发蜡将头发弄得亮亮的、一丝不乱。我家里没有，后来我发现厨房里的一种白色半固体和发蜡类似，于是我就在家里用这种白色半固体给我妹妹弄了一头。效果不错，很有发型，也很亮。晚上妈妈下班回家，看到我妹妹的头发很亮，走近一摸还油腻腻的，甚至带有一点香香的味道。妈妈问我给妹妹头上弄什么了。我指了指厨房柜子里的那个搪瓷罐子，那种白色半固体竟然是荤油！后来妈妈给妹妹洗了好几次头发，才算是清爽了。

这两件事情，后来被妈妈说起过好多次，都被当做是我聪明和调皮的证据。我很感谢我的爸爸妈妈，他们给予了我关注和爱，但又不用这份爱来束缚我的内心，给了我足够的空间自由成长。他们不以传统的眼光来看待孩子，相反用自己独特的角度去肯定孩子的成长。他们允许我有自己的想法，也给我最大限度的支持和肯定。我们的家庭和很多家庭都不同，因为孩子不像别人家的孩子那样怕自己的爸爸妈妈。可以说我和父母之间的关系更像朋友，在同一个平面上讨论问题，说学习、工作、朋友，也说情感甚至时下流行的小说。

我从不怕我的爸爸妈妈，直到现在我们的关系和小时候一样亲密默契。我的铁锤也不怕我和他的爸爸，甚至比我当年还厉害。

我很感谢我的父母不是教条、刻板、拘泥地把我养大，给我的心灵很大的空间。他们让我知道，为人父母，即便是赋予了孩子身体和生命，提供了孩子的衣食住行，高额的教育费用，甚至还搭上了自己的精力和心血，也不能束缚孩子的心灵，也不能够让孩子对自己言听计从。他从来都是一个独立的个体，不过是暂时没有独立的能力，所以才在我们身边度过这二十年。

他来自我的身体，但是出生即别离。在我眼里，他是一位朋友，一个旅伴，一个知己。不过是暂住在我家里，和我有血缘关系而已。

我能让一个朋友、旅伴、知己怕我吗?

是母子、姐弟,亦是情人

我从来没敢奢望过,当年的我怀里的那个小屁孩今天会像一个保镖一样站在我身旁。

从前只要是妈妈说的他都相信。现在他有自己的想法和主张,凡事要经过他深思熟虑后才肯相信。所以家里有些事情,小到我的围巾颜色,大到是否要择校,这样的事情我都愿意听听他的意见。

原来我很头疼一个人带他出门,因为他常常走上一会儿就回转身、张开双臂让我抱。如果我不肯抱他,他便无赖地抱住我的腿不让我前进。可是现在不了,他一个人连蹦带跳地在前面开路,而我穿着高跟鞋得努力追赶他才行。

他小的时候天色稍晚一些我们便不敢出门了,总觉得一个女人和一个小孩不安全。现在铁锤快到一米二高了,我穿着高跟鞋他的头顶刚好在我的胸下面。晚归的时候,我们两个手拉着手,大声地唱着歌,甚至没想过有什么是值得我们恐惧的。

有时候我看到一首非常美妙的小诗,我会让铁锤为我读上一遍。他学过一段时间的口才表演,童声很清澈,同时因为他有良好的阅读习惯,即便是第一次看到的文字,也能够比较流畅地朗读。他给我读现代诗,也给我读宋词。

我常常闭上眼睛,享受他为我朗读,那时候的我们,是有着良好亲子关系的母子。

有时,他还能陪我静静地看上一个小时的诗歌朗诵会,偶尔遇到听不懂的地方会很小声地问我。那时候的我们,是一对认真的师生。

还有些时候,我们一起读一首诗。他读一句,我读一句,结尾的那一句,我们一定要一起完成。每每读完一首诗,我们都会微笑地望上对方一眼,那份默契,是在情人之间才有的。

在晚上的时候我们会一起画画,然后将两幅画摆在一起比较。我画

得中规中矩，铁锤画得稚嫩，笔触很大胆。这个时候的我们就像朋友，彼此关注，彼此欣赏。

我们都喜欢看考古类的节目，因为我们都好奇。我们的眼睛紧紧跟随着电视画面，想看看几千年前的地球到底是怎样一番样子。我们随着情节猜测，有猜中答案的欣喜，也有与答案失之交臂的落寞，那时候的我们就像是一个班上的两个要好的同学。

每晚睡前，我们都要彼此说上一句"我爱你"。有时忘记了，身边的铁锤已经有了均匀的呼吸，那我也会补上一句"铁锤，我爱你"，他便一动不动地像梦呓一样拉着长音说"妈妈，我也爱你！"我还会在他胖嘟嘟的脸蛋上亲亲，祈祷他的梦里能够有我。这时的我们就像是一对深爱着的情人。

有几次我们两个背着他爸爸偷偷地去吃肯德基的早餐，然后约定谁也不能泄露出去这个秘密。晚上的时候，爱人问我们为什么不吃家里准备的早饭。我们就撒谎说因为我们不饿！然后我们偷偷地望上一眼，就像是一对做了坏事的姐弟！

在我的包包里面，常有一盒彩虹糖。去幼儿园的路上，或者坐公交车的时候，我们每人一颗，含在口中。过上一会儿，张开嘴，开心地去看对方舌头的颜色。那时候的我们，就是两个亲密的伙伴！

冬天时，我们拍了一组照片。我穿着一套白纱的天使礼服，铁锤穿着他们幼儿园的冬季礼服。十指相扣，望向远方。朋友说我们看起来像母子，也像姐弟，更像情人！

我很开心，我们不是古板的母子。我不是高高在上的母亲，铁锤也不是唯母命是从的孩子。

在这样的多种关系中，我和铁锤都可以尽情地释放，快乐地成长。

第三节　放开手，你会更幸福

做妈妈的常常怕这怕那，觉得孩子还小，总想一直牵着他的手领着他往前走，总想着站在前面为他遮风挡雨。

可是你有没有想过，一直如此，你不累吗？

他还有空间长大吗

铁锤考完期末试，我们忽然轻松起来。上周六，我们出去吃比萨。刚刚坐下来，铁锤便去忙了。几分钟后他走回到我身边说："妈妈，你爱吃的巧克力比萨和蜜豆比萨现在都还没有，我问过叔叔了，一会儿就能做出来。到时候我去帮你拿！"吃自助餐的时候基本不用我起身，他会给我取来我喜欢的咖啡，所以直到现在我也不会使用餐厅的饮料机。起初我还告诉他接热饮的时候注意千万不要被烫到，在路上走的时候也小心不要被大人碰到。后来我发现他还会教初次使用热饮机的成年人如何操作机器，非常自信和阳光。

这就是我的铁锤，了解妈妈喜欢的东西，能帮妈妈做的事情都会主动帮妈妈做，自己能做的事情也都自己完成。

一天，一位朋友和我谈起铁锤的衣饰，我告诉他铁锤的衣服几乎都是他自己挑选的。不管我喜欢哪一款，只要铁锤不喜欢我都不会买。相反只要是铁锤喜欢的，不论如何，我都会买下来。我不喜欢绿色，可是在衣饰上他偏爱绿色，所以绿色的毛衣、T恤每年都买。毕竟穿的人是铁锤，只有他喜欢了他穿上心情才会更好。朋友说也不能事事都让他做主吧！我想了想，好像只要和铁锤有关的事情真的都是让他做主的。例如前年的小学择校，起初我们的计划里没有"择校"这个概念，到了快上学的时候，铁锤提出来想要上一所更好的小学，并且表示一定会努力学习的。我们想了想，决定还是听从孩子的建议，毕竟是他在读书。

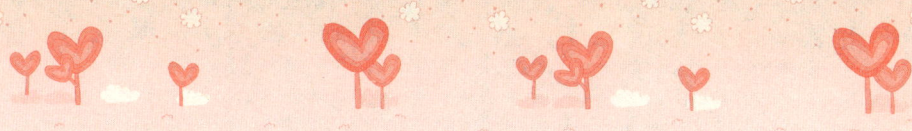

朋友很惊讶,说"择校"这么大的事也要听孩子的?

铁锤的事真的什么都听铁锤的,只要他自己能够理智地拿主意。当然我们也不是完全放手不管,如果他难以选择,会征求我们的意见,我们会给他建议,当然最后还要通过他的那一关。

在铁锤还是八岁男生的时候,我觉得他在某些程度上已经有了十八岁的成熟。

有一天我听到两个家长在讨论下半年要给孩子订什么期刊,我心里很纳闷,不是孩子看这些杂志吗?你们两个讨论什么?孩子喜欢什么,难道他自己还不知道吗?自己孩子订阅杂志,不去问自己的孩子,还跑去和别的家长咨询,不是很奇怪吗?

我很能理解这些家长的心理,他们始终认为孩子还小,没有判断的能力,所以不能够把决定权早早地给他们。可是如果不在小时候一点点地把决定权给孩子,那么等他长大以后,一股脑儿地把权力扔给他,会不会压得他喘不过气来?

作为妈妈,我对铁锤的生活可以说是照顾得无微不至,曾经把90%的心思都放在他身上。但是我的关注不是表现在事无巨细大包大揽,而是选择默默关注,帮他分析利弊,给他好的建议。他写作业时我在一旁读我的书,我关注但我不去给他的作业指手画脚;他每天装完书包,在他休息后我会检查,但我不会帮他装;我很少打电话问老师他在学校的情况,我要他亲口对我说,因为他和我说的时候带有他的情绪和判断。

因为我很早就撤离了铁锤的生活,所以铁锤比较自信也有担当,同时我也享受到了这种母子间看似"无交集"的自由交流方式。

前几天一位朋友说了这样一句话:小桥,我感觉你们母子一直生活在童话里。我回答他:我写童话,所以可能给了你这样的错觉。后来我想了想，给对方这个印象可能是因为我不像那些小学生的妈妈，我没有给孩子报任何辅导班，没有逼着孩子要成绩，更没有因为学习的事情面红耳赤、歇斯底里。在学习上，孩子都是自己管自己，自己预习、自己复习，没做过一点作业以外的"作业"，也没让我们操过一点心。

我问过铁锤常常感觉到幸福吗？他马上回答我：妈妈，我很幸福！

我想我撤离孩子的生活是正确的，因为我的默默关注而不大包大揽，我们才可以有今天童话般的母子关系。

如果你愿意，你就可以一直生活在童话的世界里。

比分房而居重要 100 倍的事

一次，我的一个朋友为孩子高考选专业的问题征求我的意见，我反问他孩子自己什么意见，他说孩子自己没主意，全听家长安排。我觉得不能理解，在我上学那会儿对于很多专业和学校真的是很陌生，因为极少有了解的渠道。不过现在不同了，在信息如此发达的今天，这些问题都不再是问题，哪个孩子不会上网？谁不能在各大搜索引擎上找到自己想要的各种信息？为什么这个孩子不能自己为自己的事情拿主意呢？因为他从来没有为自己决定事情的机会，换句话说就是他的心灵不曾有过独立成长的空间。

这个小孩三岁开始自己睡一个房间，很早就会整理自己的东西，知道自己的书放到自己的书架上，衣服放到自己的衣柜里。我们一直以为他会是一个个性独立、成熟的小孩，但现在看来他依然还是个不能拿主意的小孩子。

从去年开始我们就给铁锤选家具，想把他的房间整理出来，现在那个屋子里到处是书、衣服和杂物，乱得不得了。朋友常和我说要让铁锤住自己的房间，那语气很迫切，潜台词就是铁锤太大了，再不自己单独睡一个房间那后果简直是不堪设想！

在我心里倒没觉得有那么严重,不过是现在的居住环境好了,有条件了,这件事情就上升到了日程上来。我觉得家长和孩子分房而居不过是一种形式,这个形式能够提供给孩子一个相对自由的空间,是家长对孩子隐私的一种尊重,也是对他胆量的锻炼。这种分房而居是成长过程中的一条必经之路,但是却不是唯一的。

相对于身体的独处,孩子在心灵上的独立更为重要。身体的独处不过是一种形式,心灵的独立才是内容,而很多家长却只关注形式而忽略了内容。

父母知道要给孩子一个安静的房间,让他能够不被打扰地生活和学习,可是在孩子的心灵上,很多父母却以孩子小不懂事为借口,凡事大包大揽、横加干涉,让他们不能够自由自在地按照自己的意愿成长。有的孩子不喜欢父母的包办,父母会说他们是青春期的叛逆。有的孩子慢慢习惯了父母为自己做决定,慢慢地在思想上变得懒惰,一味地等待着父母安排自己的人生。如果一切顺利,大家都开心;如果事情不如预期的美好,也可以把所有的责任都推到父母身上,自己一点责任也没有。

我们总说要让孩子健康成长,不仅身体上要健康,在心灵上更要健康。

常常听到有的妈妈在抱怨,抱怨孩子在读了大学后还不会做家务,抱怨孩子在毕业临近时就待在家里等着父母给找一份体面的好工作,甚至抱怨孩子在有了自己的孩子以后依然心安理得地躺在父母的养老金上养着自己的老婆孩子。其实这一切都怪不得孩子,因为从小到大他们从来没有自己拿过主意,所以没有养成参与自己人生的习惯。

人生就是一次旅程,孩子小的时候,我们不能一直紧紧拉着他的手,一刻也不放松。这样他永远也不会独自走路,更不用说独具慧眼为自己选择一条适合的人生道路了。

孩子有孩子的人生，我们家长可以做的就是提供机会和建议，最后的主意还要孩子自己来决定。

因为一个人只有一次人生，所以将决定权还给孩子吧！

那些急着布置儿童房的父母要注意了，在孩子的成长过程中，有比分房而居重要100倍的事情呢！

第四节　妈妈越调皮，孩子越聪明

铁锤他爸总说我坏，然后说有其母必有其子，其实我不是坏，只是有一点调皮而已。

我和铁锤他爸玩拍手的游戏，就是我的手心朝天，他用手掌拍我的手掌，我要适时地躲开避免被拍。有几次被他拍到，他很得意，在他放松警惕将手掌重重拍下时，我忽然变换手形五指并拢，尖尖的指甲弄得他很疼，气急败坏地追着我要打！

他爸说我坏，现在有了铁锤，他又常常说我们两个都坏！

我觉得我不是"坏"，而是有一点调皮。

铁锤几个月的时候，我常常用左手抱着他，用我的右手握住他的左手，我哼着《台北红玫瑰》的曲子，夸张地转着圈，跳着华尔兹！

直到现在，我还是经常在铁锤面前跳舞。有时候我学着《情书》里面的艺人跳韩国舞，有时候跳自己编排的毛巾舞。铁锤很开心，常常和我一起跳。所有的动作都是我们自己编排的，我们做着怪动作，扮鬼脸，铁锤还用嘴巴打着节拍。演员只有我们两个人，观众有时是我们两个，偶尔还会加上铁锤的爸爸。

在跳舞的时候，我们都是专业的舞者，也是彼此眼里的明星。直到

现在我们依然保留着互发"爱情子弹"的习惯,踮起脚跟,眯起左眼,双手做手枪状,两颗爱情子弹就出膛了!

夏天的时候铁锤喜欢玩水枪,爱人不让他在房间里玩。于是我就和铁锤在阳台里用水枪给花浇水,弄得窗子上面都是水珠。我们的衣服也都湿了,但是我们很开心。

有时我们还和爱人撒个小谎,偷偷地跑去吃肯德基早餐。等到爱人问起的时候,我们两个偷偷地交换一下眼神,用力地绷住,保证不要笑出声。

我还常常到网上去找一些新奇的玩意儿。刮蜡纸、黏土、爆米花笔,好多从来没听过的新鲜东西,常常让我欲罢不能。于是我偷偷地买回家,和铁锤一起玩。爱人几次摇着头说我是打着铁锤的旗号,分明是想自己玩!

有一回,我和铁锤要自己造纸。我们在前一天把废旧的报纸撕成小片,放在一个大盆里,用水浸泡。第二天,这些报纸碎片已经吸足了水分,变成了满满的一盆。然后我们用豆浆机将它们打碎,铁锤他爸很生气,说我领着孩子祸害东西。我们两个充耳不闻,朝着他做怪动作。他留下"变态"两个字,愤愤地离去。

在家里铁锤还会给我化妆。用的是买杂志赠送的免费化妆品,把我的脸画得像《西游记》里的妖怪一样。

有一天在洗脸的时候,脸上满是从洗面奶里揉出的白色的泡沫,我用手把嘴巴两边分别弄出三根胡须,再将眼部的轮廓弄清晰,噘起嘴巴,很像那部音乐剧《猫》的扮相!最后,我很满意,给自己拍照留念。

我把我的牛仔裤剪短,变成靴裤;夏天再剪短,变成短裤。铁锤他爸看着我弄来弄去,已经修炼到能够不发一言的境界了。

我觉得只有妈妈爱玩,孩子才可能爱玩。只有妈妈敢玩,孩子才能更敢玩。

我的妈妈就很爱玩,我上了小学妈妈还陪我玩。她给我们用鸡蛋壳做灯笼,里面放一根自己做的小小蜡烛。她还把果汁抽到一次性的注射器里面，放冰箱里面冻上几个小时，然后融化一点儿，就将注射器推进一点儿，铁锤和姐姐管这个叫"冰激水"。用注射器来吃冰品，非常卫生，不担心弄脏衣服。而且量很容易掌握，不会一下子吃进很多而让胃着凉。

因为我的妈妈把自己当做一个小孩子一样和我们相处，所以我今天才能够和铁锤做朋友。因为我的妈妈很调皮，所以我才能够放开手脚和我的孩子玩。

妈妈要调皮一点，孩子的思维才更能够放得开。其实，没有什么是不可以的，只要你想得到。

买一台显微镜送给孩子

一直想买一台显微镜给铁锤，在铁锤快过六岁生日的时候终于买到了一台满意的。

上学的时候用显微镜看过洋葱的表皮细胞，可是一个班上几十个同学，每人还轮不到看上一眼，便下课了。后来在妈妈工作的办公室里也看到过显微镜，但还是希望自己能有一台。

周末的时候，快递人员把这台显微镜和望远镜的套装送到了家里。虽然还不是专业级别的显微镜，但是配备也算是精良了。

我鼓励铁锤先读一下说明书，知道这些配件的名字和用处。很快铁锤熟悉了这个新伙伴，我们就拿出标本来看。蝴蝶翅膀上的粉末用肉眼来看，是一点点不起眼的小颗粒。可放到显微镜下却有着奇怪的纹理、斑斓的色彩。这种巨大的反差让铁锤非常兴奋。

给你一个大世界

由于显微镜附带的标本很有限，所以我们决定自己动手做标本。找

一个新鲜的洋葱,剥掉一层皮,把里面的那层透明的膜轻轻地剥离,然后用刀片切成一厘米大小的正方形,用镊子夹起轻轻放在载物片上。然后我尝试将物镜和目镜分别调到最佳状态,于是在我们视野里出现了非常清晰的细胞核、细胞壁,我还鼓励铁锤把看到的洋葱鳞状上皮细胞完整地画下来。

　　我们还曾做过盐的结晶。我们在载物片上撒上几粒盐,然后在显微镜下看,出现了一个个小颗粒,但是都不完整,可能是在盐的包装、运输过程中损坏了。如果我们想看到完整的盐的晶体,只有动手做。我们在一个碗里倒上一些温水,然后铁锤用小勺将我们平常用的精盐放入水中,用勺子轻轻搅拌,让精盐溶解于水中。要注意的是,精盐要尽量多放一些,让溶液达到饱和,这样更容易析出晶体。铁锤用滴管吸几滴盐溶液在载物片上。剩下的工作就是等待溶液风干,析出完整的盐晶体。我们都是急性子,嫌等的时间太久,于是铁锤拿着小纸板在载物片上扇来扇去,加快空气流动,水分容易挥发。可是铁锤扇了好久,载物片上还是小小的一摊水,收效甚微。然后我想遇热应该能够加快水分的挥发,于是就用电吹风在载物片上不停地吹,终于那摊液体的面积逐渐缩小,可我们却悲哀地发现,遇热后我们的塑料载物片发生了形变,变成弯弯的,无法固定在显微镜的载物台上了。但是我们看到一圈白色的物质出现在载物片上,我们刮下来一部分,放到显微镜下看。经过放大的一粒粒盐的晶体,完整对称,在光线的作用下,仿佛是切割完美的大颗钻石。铁锤很兴奋,后来每有朋友来家,铁锤都要表演这一套观察盐的结晶的实验给对方看,乐此不疲。

　　后来,我们还看过小螃蟹的腿,看起来细细的,可在显微镜下面却是粗粗的边缘还有一些毛毛。我们看过头皮屑,不规则的,大大的一块。我们还把报纸浸湿,观察它的纹路。我们还看过毛线衣上磨出的毛球,在显微镜下,一团团,像一幅抽象画。还有猕猴桃种子,我们用眼睛看种子是黑色的,可是在显微镜下,它完全变了模样。它是美丽的紫红色,而且在种子的外面有一层紫红色的薄膜,薄膜上还有着类似蜂窝一样的纹

路。我们甚至观察过土豆泥。将一小块土豆泥轻轻碾平，然后我们就看到一排排不规则排列的像小水泡一样圆圆的东西，我想这个便是我们看到的土豆的那一层沙了吧。冬天的时候，我们想看看雪花的样子，可是还没等我们把焦距调好，雪花就化成了一汪水。爱人告诉我，我们的塑料载物片热容量太大，如果换成玻璃载物片，就会好很多。看来，使用这种专业的器具还要有专业的知识，铁锤的爸爸是学物理的，这个对他来说是常识了。

有了这台显微镜，我和铁锤不论什么东西都想拿到显微镜下看看。它让我们对周围这些熟悉的东西又有了一种好奇，我们常常想，或者拿到显微镜下，又是一番样子。

我们生活在一个一比一的世界里，可是有了这台显微镜，我们就可以看到一个放大好多倍的世界。那些平时我们无法看到甚至是忽略了的美好，通过显微镜，都将一一展现在我们眼前。

我想，如果我们送给孩子一台显微镜，就是送给他一个奇妙的大世界了。

第五节　你珍惜每天的黄金十分钟了吗

不要小看这十分钟，在睡前一段时间，人的精神最为松弛，也最容易接纳，所以即便白天你对孩子多么不尊重，多么冷淡，在睡前这十分钟里都可以很好地弥补。

可以说，对于亲子交流来说，睡前的十分钟是每天的黄金十分钟，千万不要小看，更不要放弃。

有一段时间，几乎每晚我都和我女友通一会儿电话。有那么几次，我对她说：不能和你说了，铁锤要睡了，我得陪他！一次两次还好，次数多了，女友就质问我：小桥，你是三陪吗？怎么还带陪睡的？我笑着说我不是"三陪"，我是"全陪"呀！

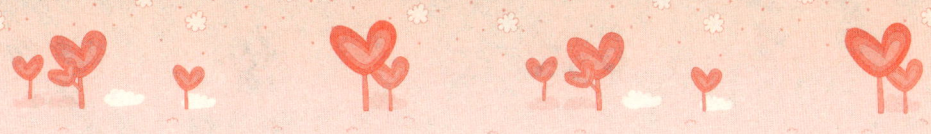

其实铁锤一直自己睡,我陪的是他睡前的十分钟。在这十分钟里面,如果没有特殊的事情,我都会给他读一段故事。故事的内容是他选择的,一般是一本200页左右的小说,每天我读十页左右。但是,我不是平淡如水地读,而是声情并茂地像播音员一样读给他听。很多人奇怪,铁锤很小就能够独立阅读,为什么不让他自己看书呢?

这个也曾经是我的疑问。

我是比较独立的人,我自己能做的事情绝对不会要别人的帮助,我认为一个人有张嘴求人帮助的时间自己都完成了,求人完全是多此一举。所以在铁锤的阅读上也如此,我认为他自己可以阅读,为什么还要在睡前让我读给他呢?开始的时候,我很是敷衍。有几次睡前我给他读书的时候,我精神溜号,会在某些细节上遗漏或者读错。这时他都会说:妈妈,那个地方不对!或者读到某一句的时候他说:这个地方是双引号吧?我心里就笑,这个小孩整本都读过了,某些地方甚至连标点符号的细节都记了下来,可是还是在睡前让妈妈再读给自己听!

当时我心里有点气,我觉得又不是给我进行的阅读考试,想着我有些心里恨恨的!于是,每晚都是快速地敷衍了事,只求快点结束。还有时候我一边做着大幅度的瑜伽动作一边给他讲故事,读得气喘吁吁的,而且还常常读串行。睡前故事于我好像是一项不得不完成的工作,而且还没有薪水,所以我没有好的工作态度也是可以理解的吧。

有一晚,我静静地坐在那盏橘红色的小熊台灯旁边,我右手拿着书,左手放在他鼓鼓软软的小肚子上,画着圈地摩擦。铁锤躺在我旁边,蜷曲着,眼睛半睁半闭地享受我的故事。黑黑浓密的长睫毛上上下下地抖动,我知道他已经很困了,可是留恋我读的故事,所以不舍得就这样睡了。那一刻,我忽然觉得我身边的这个小孩,仿佛就是一个安静的天使!此刻,为这个天使做什么我都愿意!

后来我慢慢地发现,每一天睡前的这十几分钟里,是一天之中孩子最最放松、最最柔软也是最最美好的一刻。躺在床上的他,仰着脸看着橘黄色灯光下妈妈的黑色披肩发,光洁的皮肤,甜美的声音,温柔的微

笑,在最美好的一刻甜蜜入睡,是一件多么幸福的事呀!后来我开始慎重对待这十分钟了,我觉得这不是普通的十分钟,而是我在铁锤面前展示温柔、甜美一面的机会,这十分钟里,我不再是那个讲道理、列计划,并且处处"设陷阱"的强悍母亲,我就是一个亲爱的小女人,十分可爱,百分美好,千分亲密。

不要小看这十分钟,在睡前一段时间,人的精神最为松弛,也最容易接纳,所以即便白天你对孩子多么不尊重,多么冷淡,在睡前这十分钟里都可以很好地弥补。

可以说,对于亲子交流来讲,睡前的十分钟是每天的黄金十分钟,千万不要小看,更不要放弃。

和朋友相处也如此,不论多么生气,我都不会让我们这份"气"隔夜。我会想办法把我们之间的矛盾解决掉,希望对方可以忘记这份"气",轻松入睡,我也可以甩掉包袱,笑一下,寻梦去了!

还有一次一个朋友正在电话里和我谈事情,我说:不好意思9点了,我得给铁锤讲故事了!她也奇怪,这么大的孩子怎么还要听故事哄着睡觉?多麻烦呀!我解释说不是哄孩子睡觉,这是属于我们母子的十分钟宝贵的亲子时光。我很享受这十分钟,随着他一天天长大。我知道总有一天他会长大,极度希望拥有自己真正独立的空间,不被任何人打扰,即便那个人是他的妈妈。

所以我要珍惜孩子还需要我的每一个睡前十分钟,这十分钟里,因为被孩子需要,我感觉我是世界上最美丽、最可爱,也是最温柔的女人。

我们的记忆在哪里

一晚,铁锤和我说他曾经做过的噩梦,他说怕自己睡着后还做那样

的梦。

我知道那个梦,好像是铁锤被一个坏的机器人追赶,而且那个机器人有一个本领,只要他将头碰到一个正常人的头,那么这个正常人也会变成一个坏的机器人,成为他的同伙。

我安慰铁锤说,不要害怕,只要你把妈妈也梦进去就好了!妈妈就用武功把那个机器人打败!

他可能觉得这么大了还要妈妈到梦里来保护自己有点不好意思,于是他便说:没事,我也有对付他的办法!只要我努力地睁开眼睛,坏机器人就不见了!

我问他为什么,他告诉我只要睁开眼睛,就醒了。那个坏机器人只存在于他的梦里,保持清醒就可以将他打败!

小孩子自有他处理问题的一套方法。

后来他很无奈地对我说,妈妈,为什么常常开心的事情我一天就忘掉,而那些不开心的事情却总记得呢?

我问他哪些不开心的事情总是忘不掉?

他说做的噩梦,还有鸡蛋馅饺子的事情。

上中班的时候有一次幼儿园里吃饺子。铁锤吃的猪肉馅的,他看到还有鸡蛋馅的,就还想吃。保育员老师没有给他,因为韭菜馅的饺子是给回族小朋友准备的。可能是因为保育员的态度不很好,所以铁锤非常不开心。虽然后来那位保育员比较关照铁锤,但是铁锤依然对这件事耿耿于怀。

我告诉他随着我们越来越大,这些开心的、不开心的往事都将成为记忆。他又问我,那么人要是死了还会有记忆吗?

我觉得会有,可是身体不存在了,记忆附着在哪里呢?

我这样对他说,如果我们不在了,记忆依然会存在。像关于妈妈的记忆就由铁锤负责保管,只要铁锤还在,对妈妈的记忆就还在。而且我们两个都在写日记,日记也是承载我们记忆的一种方式。

我们拿过铁锤的日记来看。知道 2009 年 2 月 16 日我们去儿童公

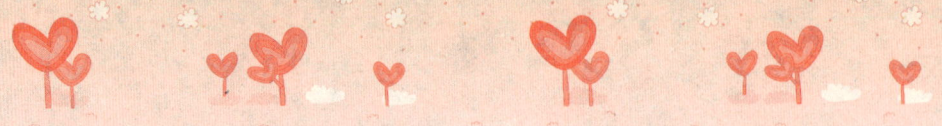

园抽杀了,2月18号我们包馄饨,铁锤吃得特别多,竟然吃吐了。如果不记日记,这些美好的不美好的我们终会忘记,可是日记为我们容纳了这么多。

开心的、不开心的,都是成长中必须要经历的。

在很多年后,我和已是壮年的铁锤回忆当年吃馄饨吃吐了的事情,他一定会羞红了脸的。

第六节　妈妈变成了女特务

小的时候看敌特的片子,剧中的女特务是锥子脸、性感红唇,一头大波浪发、歪戴着贝雷帽、穿着皮靴,手指间还有一根长长的香烟,妩媚也妖艳。她们混迹于各种场合,常能运用美色和利诱等手段,想方设法地从对方嘴里套出对自己有利用价值的信息来,让人垂涎其美色又害怕她的险恶居心。

有一天我和铁锤聊天,聊天的过程中我有了一个非常可怕的想法。我感觉在和铁锤交谈的过程中,我简直就是一个貌似温柔体贴其实颇具心机的女特务!

因为铁锤现在是小学生了,白天我工作他在学校上学,所以几乎一整天我也不知道铁锤在学校里发生了什么,经历了什么,甚至他周围的小孩都是什么样的性格特征,以及他们和铁锤的关系如何,我都想从他嘴里知道。起初我都是没有技术含量直来直去地问,开始他还有问必答。后来问得铁锤反感,有时候因为那些问题每天都是重复的,比如今天老师提问你了吗?课间十分钟都和哪个同学玩了?都玩什么游戏呀?时间久了,他就懒得回答了。还有时候有些问题铁锤碍于面子不肯和我说,例如字写得不好被老师批评了,和朋友打架了这样的问题,由于男孩子的自尊心,不情愿回答我。

虽然铁锤不说,但是我必须知道。因为孩子每天都不在我身边,我获取信息的唯一方式就是通过铁锤的讲述。当然我也可以给老师打电

话咨询，但是我不能每天都去电话打扰老师，而且同样的一件事情铁锤说给我听和老师讲给我听将是完全不同的效果。一件事情一旦从铁锤的口中讲出来就带有铁锤自己的情感和判断，这些信息对我都很重要。

既然他不肯说，那我只能运用手段让他乖乖地说出来了！

和大家说说我具备女特务的几个方面。当然了，我不具备锥子脸、大波浪、吸烟这些外在特点，但是我在骨子里的确和女特务有一拼。

步步为营的激将法。有一天我接铁锤放学，在路上看到铁锤右脸上隐约有一块被指甲抓过的痕迹。我担心铁锤是不是和同学打架了，尽管铁锤从来不和同学打架，但我还是紧张。我压抑心中的担忧，故作镇定地问他是不是蚊子咬后抓破了？他说不是，是宋同学抓伤的。我说你就在操场上老老实实地待着，宋同学就来你脸上抓了一下？他说不是。看他也不肯说出原委，索性我就不问了。然后看我也不问其原因，他反倒不吐不快了。他说是他在前面走，宋同学在后面推他一下，差点把铁锤推倒。后来铁锤生气了，因为宋同学不是第一次如此了，铁锤怒了，和宋同学说既然你这么爱动手，那咱们就打一架吧。宋同学还同意了，两个人就打起架来。宋同学抓了铁锤的脸，铁锤把宋同学打倒在地。后来宋同学哭了说要告诉老师去。我问铁锤不怕他告诉老师吗？铁锤说告诉宋同学了，去告诉老师吧，自己已经是忍无可忍了！

在我想知道某件事情的时候我常常会淡化这个问题，装作不在意的样子，反倒让铁锤好奇，妈妈这次怎么这么不关心呢？所以全都说出来了。知道了事情经过，我的心才放下来。

装傻充愣的障眼法。有时候我想知道铁锤的学习情况，例如上课老师有没有提问之类的。因为每天都是这些内容，弄得他很反感。所以我只能策略地问他，今天老师提问李同学了吧？表扬孙同学了吧？他看我猜得都不对,就很得意地告诉我:不对,今天老师提问某某某了,表扬某某某了!某某某在走廊说话被值周生抓了,被老师批评了!还附带给我学一学老师批评某某某时的表情和语气。

因为铁锤不想说,所以我就胡说,这样铁锤反而会认真起来,纠正我,告诉我正确的是什么。这样我轻松得到了我想知道的信息。

铁锤上学一年多了,这段时间里,我们经历了无数次斗智斗勇、你追我赶的过程,虽然最后都是以我的胜利告终,但是我明显感到这个孩子已经越来越不简单了。所以我的方法也在与时俱进地发生着变化。

这年头干什么都不容易,把妈妈都当成了女特务,你说容易吗?

第七节　在小男人的甜言蜜语中沦陷

一直以来,大家都说我是一个有文艺气质的工科生——感性与理性并存。我认为我的内心很感性,很容易被一场演唱会或者一本书所打动。但同时我又很理性,因为我的感性都出现在该出现的时间和地点,同时感性的强度也都在理性的范畴之内。

在生活中,我常会被自己的内心感动,但是很少被哪一个人或者哪一件事所感动。

常有人说当年谁谁谁对自己说过"我会一辈子让你幸福的",让自己很感动,于是刹那间产生了与之厮守一生的想法。这样的时候我从来没有,不是冰冷,而是我绝不会因为几句不着边际的甚至无法兑现的蜜语甜言而做任何决定。何况,现在我这一大把年纪,早就做到"透过现象看本质"了,对于那些"蜜语甜言",真的都已经有免疫力了!

可是这两年,我发现事情完全不同了,我那一双没有耳洞的小耳朵也开始喜欢上了男人的好听话,而且对方还是一个不折不扣的小男人!

这个小男人就是我的儿子——铁锤。

最先来陪伴你的小孩

早上我要出门的时候,听见铁锤在卧室里说:"妈妈,给我拿支笔,你这里有错别字!"

我转回到卧室一看,他光着膀子坐在床上拿着我的大日记本"审查"呢!

他常常看我写的日记,有的内容他觉得不光荣,所以我记录下来他就很生气。有的时候他读到从前的片段,会求证似的问我:"妈妈,是真的吗?"他常常怀疑我是不是趁着他还不懂事,杜撰了他的过去。

一天刚刚醒,我邀请他睡到我身边来。我问他如果我再生个女孩如何?他很大度地说:"可以,这样我可以偷她的奶水吃。"然后我又问他,怕不怕妈妈不再爱你了?他告诉我:"不怕,因为我是在你生命中最先来陪伴你的小孩。"

是呀,铁锤有这样的自信,无论妈妈生多少个小孩,都会爱他多一些。因为他是第一个来陪伴妈妈的小孩,因为接下来所有的孩子都和他不同,他是独一无二的。

孩子真是比大人聪明!

我还以为他会说因为他懂事或者学习好,所以妈妈会更爱他。没想到他会和我提时间,这是他得天独厚的优势,是客观存在的,谁也不能否认。

我很感谢这个怕我孤单而最早来陪伴我的孩子。

这份感激我无法表达,就是为之付出生命的代价也在所不惜。

我该叫你"姐姐"还是叫"妈妈"

还有一天早上,我在洗脸,他坐在大便器上。我们讨论学校里面同学们玩模拟真人版 CS，我担心在操场上同学们身体之间发生碰撞，于是告诉他不要在课间和同学玩这个游戏。他反问我："为什么别的同学可以玩？"我说别的同学不是我的小孩，他们也不叫我"妈妈"。这时铁锤仰起脸，坏笑着对我说："他们不叫你妈妈，他们都应该叫你姐姐，因为你太年轻了。"当时我正对着镜子拿着海绵抹洗面奶，我看见镜子里的自己满脸泡沫强忍住笑的古怪表情。

一次晚饭后，我和铁锤出去玩。后来他说要去附近文教商店买卡片，当天我穿了一套运动装，刚洗过的头发扎成了马尾。那天熟悉的老板娘不在，换了我们不认识的老板。铁锤挑完卡片后，叫我"妈妈"。老板半真半假地问：是你的小孩吗？你结婚了吗？离开后，我和铁锤在街上散步，铁锤可能是看我买了卡片给他，开始"忽悠"我说："妈妈，那位大大都说你没结婚呢！"我反问他妈妈看着真的年轻吗？他说我比他们班同学的妈妈看起来都年轻。我说哪里年轻呢？他说你的脸色好看，别的同学妈妈脸色不好看，她们的脸色黄，就好像现在你在路灯下的脸色一样。我抬头看着街头昏黄的路灯，不知如何接他的话。接下来他又说她们身材也没有你好，都是天使和魔鬼的结合体。我一愣，天使面孔和魔鬼身材不是很好看吗？他坏笑着说：她们都是魔鬼面孔和天使身材！

听完他的"忽悠"，我一边告诉他要尊重别人，一边告诉自己面对甜言蜜语要保持镇定。

还有一次，我们还是去这家文教商店。那一次我没有进去，在外面等他。他出来后很不好意思地笑着，我问他怎么了？他说商店里的阿姨表扬我。我反问那位阿姨也不了解我，她表扬我什么？他说："阿姨夸我好，懂事有礼貌。"我说这哪里是夸我，分明是夸你嘛。他说夸我不就是夸你吗？没有你这样的妈妈怎么能生出来我这样的小孩呢？我再次告诉自己要镇定，不要在这蜜语甜言中放弃自己的原则。

一年前有段时间，我有点胖，很是懊恼，言谈中和铁锤流露出我对身材的不满。后来铁锤安慰我说只有胖一点儿才有妈妈的感觉，因为当了妈妈的人都是胖的。当时很多人就我的身材安慰过我，但是只有铁锤的

这句"只有胖一点儿才有妈妈的感觉",我最最能够接受,也是最最有力度的安慰。

记得我第一次用烤箱做比萨,当时我完全是一个"烘焙盲",所以误把黄油当成了奶酪。为了得到最好的拉丝效果,我往里面放了好多的"奶酪",其实都是黄油了。结果烤出来后,比萨上面亮堂堂的一层油,我先是一愣,后来明白——原来是我弄错了,一个好好的比萨毁了。

我当时非常自责,想扔掉,铁锤说闻着很香,他想吃一块。我就切了一块给他,在切的时候化了的黄油在烤盘里流淌,我当时连哭的心情都有了。铁锤怕烫,一边吹着比萨一边吃,看着他吃得很香,我还在一旁说:都是妈妈不好,这么无知,还能把黄油当成奶酪!他安慰我说:妈妈,你别自责了!黄油虽然不拉丝,但是吃起来味道更香!然后为了让我心里舒服点,他一连吃了两大块。其实铁锤是那种"心理洁癖"的小孩,吃东西很挑剔,如果食物样子不好或者颜色怪异,他都不吃。我知道他这次吃流淌着黄油的比萨完全是为了照顾我的心情,他说的好味道也有很多安慰的成分。

对于他这样用行动给我的安慰,我很感动也很开心。因为他是一个大孩子了,他懂得尊重别人的劳动,也懂得照顾别人的心理。即便这个人是最亲近的妈妈,他也非常在意。

我一直不相信任何人的甜言蜜语,我认为行动比所有的语言都更用心,所以我总能透过现象看本质,在纷繁世界里保持一颗朴素而淡定的心。不过我在这个八岁小男人的甜言蜜语面前彻底沦陷了!因为透过他的甜言蜜语,我看到了别人没有的那一份真。

我发现,我开始迷恋甜言蜜语,那份感觉,如沐春风。在以后的漫长生活中,我会依旧沉浸在他的甜言蜜语中,久久沉醉,不想自拔。

如果说铁锤的这些甜言蜜语是糖衣炮弹,那么我愿意开心地用心灵

第六章 童话般的母子关系

去迎接这些炮弹,在这场战争中乖乖地束手就擒。

第八节 爱心妈妈,美丽厨娘

早起一点点,用心一点点,就能把最普通的食材变成最有爱心、最有内容的午餐。

二年级下学期开学前的几天,铁锤对我们说不想吃学校的配餐了,要我们给他带午饭。我知道他们班上有些不吃配餐的小孩,有的妈妈不上班,每天做了饭中午给孩子送过来,也有的在附近餐馆给孩子订饭。我没有不上班给铁锤做午饭送到学校去的那个条件,在附近餐馆订餐,我们也不放心小餐馆的卫生状况,于是我们狠了狠心,决定这一学期给铁锤带饭。我们知道要给孩子带午饭,一定要早起,还要在前一晚准备好带饭的食材,会很忙乱。但是别的家长能做到的,我们也能做到,对不对?

首先要买合适的保温桶,这个保温桶要能保证从早上到中午铁锤吃饭的时候这些饭菜依旧是温热的。我们在网上选择比较了好久,终于选中了一款保温桶,手提式,里面有三个单独的小盒子,不到300元。为了验证这个保温桶的质量,买回来后我先装入开水试验它的保温状况,效果还不错,六个小时以后保温桶里的水依旧冒着热气。接下来我又在保温桶中三个独立的小盒子里分别装入一半温水,我让铁锤自己尝试打开保温桶,把一个一个盒子拿出来的程序,打开盖子。这样练习了两天,他能够在不洒一滴水的情况下把里面的三个小盒子打开,这样我们就放心了,因为他可以在学校自如操作这个保温桶了。

铁锤自己掌握了保温桶的使用方法后,接下来的环节就是我们填入食物这些内容了。因为完全没有经验,要考虑到荤素搭配,还要考虑食物在保温桶里放一上午后的味道和颜色是不是好吃好看。灵机一动,我求助于在电视台主持美食节目的闺蜜,她给我列了一周的菜谱,从营养

等各个角度上都考虑全面了。告诉我什么食材千万别带，菌类可以放心带，放上几个小时依旧好味道。炖牛肉里面放点西红柿，酸溜溜的最下饭。

第一周我就是按照闺蜜列的菜谱给铁锤带的午饭。记得上学第一天，我们5点半就起床了，一番手忙脚乱，提前半小时就完成了，然后我和他爸心满意足又无所事事地度过了空闲的30分钟。第二天早上我们就调整了起床的时间，延后20分钟。有些菜我们要在前一晚准备好，例如做烤肉，要在前一晚把肉拌入调味料腌好，早晨放入烤箱调好温度、定好时间就可以做其他事情了。还要避免做一些吃起来麻烦的菜，我们给他做过虾仁，但没带过整只的虾和鱼，就是觉得他剥壳、弄刺这个过程麻烦，还会弄脏手。

我们很注意营养的搭配，几乎每天带的饭里面都会有菌类、胡萝卜、蔬菜和肉类。每周一次烤肉，羊肉、牛肉、鸡肉和猪肉每周也都会出现一次。从开始两个人的手忙脚乱，到后来铁锤爸爸一个人就可以完成了。从最开始我们回家问铁锤味道如何到铁锤说好几个同学每天中午都等着他打开饭盒，都想尝尝铁锤的菜。后来我打趣铁锤是不是每天上午不好好听课，就期待着这顿午饭？他不好意思地笑说没有了。

尽管我们准备很充分，但也有失败的时候。开始两天铁锤就打不开保温桶最外面的盖子，因为他的手不够大，每次吃饭前都要走到讲台前让老师帮助打开，铁锤就把自己带的他认为的"好菜"给老师一点儿，慢慢习惯了，每天铁锤都请老师分享一点儿午饭。他说学校的教工配餐不好吃，我问他怎么知道，他说老师每次吃到他的菜都会夸奖说真好吃，所以证明学校的教工餐不好吃，我想这是老师的一种礼貌和鼓励，学生往老师的饭盒里舀了一勺菜，她怎么能说不好吃呢？还有两次忘记给铁锤带勺子了，回来后才知道。我问他怎么吃的饭，他说向同学借的筷子。他爸笑着说：你儿子人缘好，就是没带午饭都会有同学给他吃，更不用说忘带勺子了！

最糟的一次是做烤牛柳，以往的牛柳是我用自己买的"黄瓜条"部位

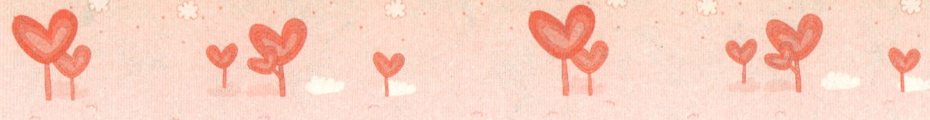

切好自己腌好后烤制的。那次我们听说一家超市的黑椒牛柳的味道很好，于是买了一些回来，想给铁锤第二天早上做烤牛柳。到了第二天早上，发现按照以往的温度和时间把烤箱设置完后，打开烤箱门，牛柳看着还是湿漉漉的，完全没熟的样子。看时间来不及了，临时弄了个番茄炒蛋糊弄过去，总算装好了饭盒。后来总结才明白，超市买的黑椒牛柳汁水太多，我自己腌制的牛柳很干，所以它们在时间和温度的控制上都应该不同。后来我们严格遵守只要给孩子带的菜，如果要有新的菜品尝试，一定要事先操作过一次，不然难免有意想不到的事情发生。

早上的时间本来就紧张，经不起一点折腾。

带了一学期的午饭，明显感觉铁锤身体更结实了。以往吃统一的配餐，他下午4点多到家就喊饿，拿起饼干、牛肉干什么的就吃，到了6点钟吃晚饭的时候，他又不饿了，所以晚饭常常吃得不好。而自己中午带饭，他吃得比较饱，可以一直坚持到吃晚饭。

在过去的一学期里，我掌握了烤箱的使用方法，可以这边烤肉，那边炒菜，节省了很多时间，而且孩子的饭盒里菜品也更丰富了。他说同学都爱吃他带的烤鸡翅，我说下学期找一个中午我不上班，烤几十个鸡翅给他送过去，让全班同学都尝尝。为了营养搭配，我在烤肉的时候每片肉的下面都放上一片土豆片，肉熟了，土豆片也顺便烤熟了，味道一点不逊于肉呢！

为人父母，不仅要孩子聪明可爱，最最重要的，是把孩子的身体调理得棒棒的。

铁锤从不爱吃饭的细胳膊细腿的小孩，变成了一个运动型男孩，这份丰富的午餐，功不可没。

早起半小时，用心一点点，做爱心妈妈，做美丽厨娘。

用最普通、最安全的食材，加上妈妈的耐心和爱心，这便是一份天下最美味、最营养、最健康的午餐。

第九节　妈妈也是弱者

很多次我在和一些孩子家长谈起亲子交流时，都会遇到这样一个问题，作为家长，我们要不要向孩子低头？是不是向孩子低头就失去了家长的尊严？孩子就不再尊重自己了？

根据我和铁锤的经历，我觉得家长应该适当地向孩子低头。

有那么几次，一件小事，却因为铁锤的小小的自尊心而变得无法解决。任凭我讲道理讲到了口吐白沫，铁锤依然无动于衷。如果我打他，他会仰起脑袋、紧闭嘴巴，鼻子里呼呼地出着气。脸上的表情很可怕，仿佛在说："哼！现在我小，你敢打我，等到我大了，就打你！"这种局面不是我想得到的，也不能从根本上解决问题。

有一次，我很伤心地对"一意孤行"的铁锤说："唉！妈妈真是失败，这些小问题都不能和孩子协调好，妈妈好伤心！"听了这话，铁锤忽然变了态度，搂着我说："妈妈，没事的，不要伤心。"然后他的态度真的就来了个大转弯，好像一下子想通了一样，变得特别懂事。那一刹那，好像我变成了一个柔弱的、需要保护和安慰的小孩，而铁锤是一个成年人！

慢慢地我发现，很多时候，大动干戈的强硬和暴力都只会破坏，不能够很好地解决问题。而适当地低下头向孩子承认自己的失败，将内心的真实感受展示给他看，却有着"百炼钢化作绕指柔"的惊人效果。

一声叹息胜过拳打脚踢，一个失望的眼神胜过怒目圆睁，一句发自我们内心的真实话语胜过电闪雷鸣的摆事实讲道理。

道理我们平时说过千遍万遍，孩子心里比谁都明白。但是他们也有闹情绪的时候，也会有自己的小脾气，这个时候如果我们和他对着干，硬

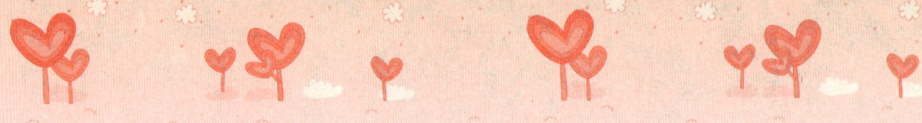

碰硬,只能两败俱伤。如果我们放下姿态,真的把他们当做朋友一样倾诉我们内心的委屈与失落,他会当妈妈是一个弱者,是一个需要他同情和安慰的朋友,这个时候孩子才会从内心真正地接纳我们,交流起来也会非常顺利。

向他们求助,或者他们真的就可以成长为一个大人,一切将迎刃而解。

同时在这个过程中,我们给予了孩子很大的空间,让他更好地成长。

不仅仅是在和孩子相处时如此,就是夫妻、恋人之间也如此。记得前些年我看过一部香港电视剧《一号法庭》,里面有一个情节我现在依然印象深刻。事业成功的女律师江承宙发现男友背叛了自己,而移情的对象竟然是一个他们曾经共同帮助过的"弱者"!那个女人遭遇不幸、男友弃她而去,一无所有,最终导致抑郁。女律师不明白,为什么男友会舍弃自己选择容貌、事业、家世都在自己之下的那个"她"呢?她的男友的回答很明白,因为那个"她"什么都没有,而女律师呢,什么都好,样样都强,所以相比较而言,那个"她"似乎更需要他。在我们身边也不乏这样的例子。女人为了自己的家庭、事业拼命地努力,把自己锻造成一个女强人,希望以自己的优秀让身边人知道自己是他最正确的选择。偏偏事与愿违,出人意料地败在一个姿色、财富都在自己之下的女人手里。男人说你太优秀了,衬托得他处处都不够优秀。而那个她却不然,因为她处处依赖他,他就是她的神。

向孩子低下头,说出我们内心最真诚的话,把我们最柔软的部分给他看。他会当我们是朋友,和我们平等地相处,平和地交流,平静地解决问题。

第十节　好想做个没心没肺的女人

和朋友见面，偶尔我会说起铁锤开学、装书包、包书皮之类的话题，女友马上很敏感地说你不要说了，想着就头疼！女友的宝贝明年上小学，女友觉得做一个小学生的妈妈是件很不容易的事，想起来就紧张、焦虑。我说根本没有那么紧张，看我已经经历了三个学期，一直比较顺利，其实比想象的容易得多。我笑她离做小学生的妈妈还有一年多的时间呢，要是到了夏天孩子马上要入学了，作为妈妈有点学前焦虑还能理解，你怎么还提前预支这份焦虑呢？

女友说不知道为什么，只要想起孩子上学她便会莫名地紧张。其实我非常理解她，这份焦虑都源于对孩子的在乎和关爱。

只要做过妈妈的人，都深深体会过焦虑的滋味。

铁锤一岁的时候，忽然发现他有些缺钙。见到别的孩子我就要问人家是不是缺钙，都补充了哪一类的钙剂。在咨询了医生后，一刻不停地把骨化醇胶丸、乳钙这些齐齐买到了家，恨不得一夜之间让他血液里的钙含量迅速达标！上了幼儿园以后，坐在办公室里每天都在担心他在幼儿园里的情况，有没有被欺负，是不是吃饱了饭，这一天是不是真的开心？这种担心到了小学也没有减弱，每天我送铁锤上学，都要在学校的铁门外面看着他的小小背影，直到转过去消失在我视线之外。有两次我走得急，把他送到学校没有继续看他就离开了，后来回想起来总觉得害怕：会不会他又转头过来找我离开校园？会不会他根本就没去教室？这种念头折磨我坐立不安，我变态地给我朋友打电话，让她去教室看一眼铁锤是不是在听课，直到那边传来一切都好的消息，我才放下心来。

爱人说我过分紧张，我说我的确已经在控制了，但是这份焦虑还是

像野草一样地疯长。

铁锤在幼儿园大班的时候，一天晚上回家忽然我们发现他的头部起了几个大包包。不是外力碰撞的那种，晚上我们就找了朋友去医大看。先看外科，没有结果，化验血，结果血常规显示淋巴细胞高出正常值。那位医生表情很凝重地和我们说了那个很不好的怀疑结果。记得当时我坐在医大的花坛上，脑袋里一片空白。他爸劝我毕竟是猜测，而且他也不是儿内的医生，他只是让咱们做一个最坏的准备。看得出来，他爸很理智地劝我，但是眉头也是皱得紧紧的。第二天一早，我拿着化验单去住院处找儿内的主任，她正在开早会。我在旁边的宣传栏里看到了她的照片，这样会议室的门一打开，我马上冲进去一眼认出了她。看了铁锤的化验单后，她马上否定了那个坏的猜测，又告诉我如果是那种情况会伴随白细胞异常。又检查了孩子的身体，告诉我不过是普通的病毒感染，多喝水多休息就好了。谢过医生，我抱着铁锤在医院里就哭了！

很多人会觉得这个妈妈神经质，但是如果你没有做过母亲，你就无法完全体会我的这种跌宕心情。

因为我们面对的是一个鲜活的生命，他有无数种可能，会好，会更好，也可能变坏，很糟糕。常常因为我们的一个决定，他们的命运就有了不同。监护人这个词说来简单，身上的担子可重可轻。

早教要不要上？要不要学特长？在哪个年龄学？学什么？和哪个老师学？发烧了是物理降温，还是吃退烧药？是在家还是去医院？小学要不要择校？英语是上中教的还是外教的？奥数上不上？几年级上？

太多的问题，妈妈们能不焦虑吗？

前几天有个朋友问我：小桥，你放弃工作做了三年全职妈妈后悔吗？我告诉他我不后悔。其实我说后悔有用吗？为人父母就是一条无法回头的路，只能硬着头皮往前走。如果我可以选择，我可能会尝试另一条人生道路,感受另一番人生风景。但因为我已经踏上了这条路,就必须义无反顾地走下去,并且还要走好,让遗憾少一些,再少一些。

在我焦虑的时候,我甚至想如果我是那种大大咧咧,什么都不操心的妈妈该有多好呀?或者所有孩子的事情一股脑儿推给爱人决定,我是不是也可以落得清闲自在?

可是我很清楚,以我的性格,我真的做不来。

我一直尽量调节自己,让这份焦虑不影响我的生活和睡眠,让我不至于变得抑郁。我焦虑得很的时候,就买套新衣服,一个人去散步,或者去喝一杯(当然不是酒了)。在别人的目光中,我可以看到一个干净清爽的自己,让我知道其实自己也很有价值,因为我还有一张比较好的底牌。

未雨绸缪,算是褒义词吧?可是我们女人,总是绸缪得太早、太心焦!

如果你问我理想的自己是什么样子,我不会回答说:知性、完美、成功等句子,我最想做——一个没心没肺的快乐女人。

不做老疯子

铁锤有很多优点,例如好奇心重,喜欢问为什么,可也有很多缺点,最让我头疼的就是不爱吃饭,他的不爱吃饭不是表现在挑食上,他并不挑食,什么都能吃。可是,每一样都吃不多少,好像从没见过他狼吞虎咽地吃过什么。我在做饭的时候是很讲究的,营养要好,看起来也要赏心悦目。一天,当我经过了在厨房挥汗如雨,把饭菜端到他的饭桌上,他每样象征性地挑了几下,就不吃了,还拿着勺子在嘴巴里转来转去。我还苦口婆心地说:"铁锤有好多优点,但是那些优点都打不败不好好吃饭这

个缺点。如果你吃饭不好,身体就不好,那什么事情都做不成了!"可是,他好像没听见一样。看着他那样子,和那些几乎未动的食物,我的忍耐到了极点!你是在为我吃饭吗?中午就没吃好,晚上为什么不好好吃?妈妈一天为了你,浪费了多少自己的时间?越说越委屈,当时我觉得自己是最倒霉的人了。自始至终铁锤一言不发,我就更来气了!几次手指都要戳到了他的头上!忽然,他抬起头,大声地说了一句:"老疯子!妈妈是个老疯子!"

刹那间,空气好像都静止了!我匆匆来到镜子前,看到一个满脸通红、头发凌乱的女人!我第一次发现,愤怒可以让一个人变得这么丑!

这件事后,我想了很久。虽说孩子是自己身上掉下来的肉,可是这块肉从你身上已经掉下来了,他不再从属于你了。也就是说,他已经是一个独立的个体,你的意志不能够主宰他。我对于他采取自由的教育方式,我不要求他学什么特长,但是一旦他对什么表示有了兴趣,我一定会为他提供好的环境。我喜欢画画,所以我也希望铁锤能够报一个绘画班,或者是书法班,可是,他偏偏喜欢电子琴。所以,只能由他。这时候你不能和他讲理,不能因为你生了他,就要他什么都服从你。你为孩子付出了很多,甚至你会觉得比任何一位母亲付出都要多。所以你坚定地以为,孩子的发展是和你的努力成正比的。其实不是那样的,我们不也在成长的道路上让父母伤过心吗?我们的生活难道都是和父母的期望一样吗?所以,为人父母要有这样的心理准备,养育孩子好像是一场赌博,既然赌了,就能够面对各种结果。我一直和爱人说,我们对孩子做的,都不要回报。如果他要回报,我希望他能够去回报社会。话虽如此,真要做起来挺难的。但是我们在孩子小的时候坚定了信念,会好很多。

我遇到过那样一个妈妈,当孩子惹她生气的时候,她压制不住怒火去打孩子。事后又懊恼不已,还到处给孩子买压惊的药!又何必呢?所以一旦我要对他发脾气的时候,总是在心里面数上十个数,别小看这十个数字,它会让你冷静许多,不会变成老疯子。这么小的时候你就觉得气得不得了,等到孩子上学时成绩不如意,长大后选择你不喜欢的人结

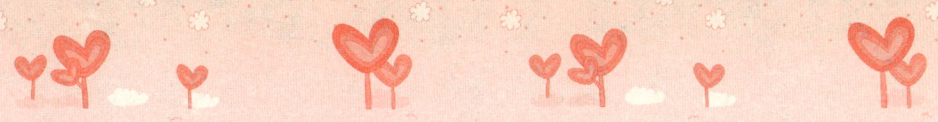

婚,你还能够承受吗?

现在,我是一个温柔的妈妈,也是一个恬淡的女子。我为铁锤是付出了很多,但这都是一个母亲应该做的。我只求他好好地长大,我们一起分享成长中的欢乐与喜悦。孩子眼中的妈妈是最美的,不是因为妈妈五官标致,那是因为妈妈温暖亲切。

所以,我们要成为孩子眼里最美的女人,不做老疯子。

第十一节 孩子,妈妈是你的同学

不论是在什么年龄,多学点东西都是没有坏处的。与其在外面漫无目的、目光呆滞地虚度时光,不如走进去,和孩子一起学习!

周六下午,铁锤固定上两个小时的硬笔书法和绘画课。

铁锤在里面上课,我在外面漫无目的地等待。

我想起在少年宫外面的操场上那些等待中无所事事的妈妈,也想起奥数班外面那些表情木然的妈妈。

有的妈妈彼此间千百次地说着自己孩子的情况,也有沉默的妈妈或者在思考晚饭的内容。很少看见谁在那里读一本书,或者静静地听一首歌。

她们常常是一副焦灼的表情。

我们常常抱怨有了孩子我们就失去了大段的时间,没时间美容,没时间充电,可是却有这么多的时间在外面茫然地等待。

我很怕,怕自己变成那些女人的样子,怕自己在这种黯然的等待中毫无意义地老去。

我不能荒废了这两个小时,我要做点什么!

我决定,要在铁锤上绘画课的时候学书法。当我和他的老师说从下周起我开始学毛笔字,书法老师很欣赏我的想法。从前我和他讨论过橡

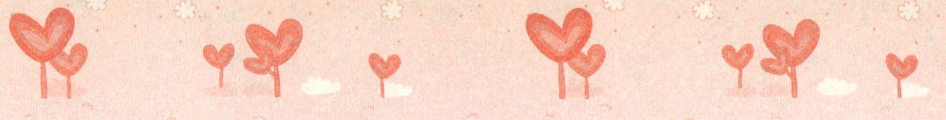

皮图章的刻法,现在就是和他学习了!老师给我的价格很优惠,我只交学费,毛笔和纸等耗材都由他提供。在教室的后面有几排供大孩子用的桌椅,我不是大个子,坐着丝毫也不显得小!

其实我小时候就非常喜欢书法,那时候也没有现在这么多的特长班,就是自己在家里乱写乱画。现在真的要和老师认真地学习了,心里竟然很兴奋!

尤其还是和我的铁锤同班,他在最前排,我坐在最后一排!

听同一个老师讲课,做同一份家庭作业。

老师说我的基础很好,会进步很快的。

我们每个家长都希望孩子能够喜欢学习,爱上学习,所以我也要设身处地地感受一下学习是什么滋味。这样每天下课,我可以和铁锤一起复习、交流、探讨,我也希望和铁锤在学业上能够平等地交流,互相指点,互相肯定。

因为我坐在教室的后面,前面的铁锤也会安心地坐在那里,不会有一点委屈。因为三十几岁的妈妈都在那里认真地学习,六岁的孩子还有什么怨言呢?

不论是在什么年龄,多学点东西都是没有坏处的。与其在外面漫无目的、目光呆滞地虚度时光,不如走进去,和孩子一起学习!

在所有的学生中,我将是年龄最大的一个,或者也会被老师批评,但那时我都会坚持在那里。因为这一切,没有什么丢人的!

如果我都没有毅力去学好一门学科,又怎么好意思要求我的铁锤呢?

因为我们大人只是动嘴说,所以孩子常常不服气。
因为你不能理解其中辛苦,所以话说得很没有力度。

我庆幸,我作出了和铁锤一同学习的选择,我可能没有铁锤学得好,也可能是班级里最差的,但我会很努力,不给我的同学、儿子——铁锤丢脸!

第十二节　做妈妈,还是做保姆

虽然我们生活在同一屋檐下,在同一张桌子上吃饭,你知道他的体重、身高,甚至知道他每天几点钟大便,可是如果他不和你说自己的想法,那么他就是生活在我们家里的陌生人。你不是他的妈妈,而是一个照顾他饮食起居的保姆。

周末和铁锤去做瓷器。

这次铁锤想做一个笔筒,也好,这样就可以装些小零碎在里面。

在制作的过程中,我们遇到了一对母子,他们也来这里玩。在和那位妈妈交谈中得知,这个小男孩六岁,今年上小学。

因为和铁锤年龄仿佛,所以我对这个小男孩很感兴趣。于是我问了他几个问题,例如上什么特长班了,要上哪所小学等等。我问了大约有五六个问题,这个小男孩一言未发,真的是一个字都没有说出口。他的妈妈在一旁很着急,我看见男孩脸上也有紧张的神情。私下里我小声地问他的妈妈,他在家里也是这样吗?他的妈妈说他就是不太喜欢说话,回到家也不和家里人说幼儿园里的事情。可是我分明看见他和旁边的小女孩玩得很开心,不停地说说笑笑!

我知道他不是不喜欢说话,而是不喜欢和家里人说话!

他的妈妈很着急地问我怎么才能让她的小孩喜欢说话呢?是不是要上个口才班锻炼一下呢?

我问她每天回到家都做什么?她说给孩子做饭、洗衣服、打扫卫生,忙得不可开交!如果5点下班,6点到家,做饭、洗衣服、打扫卫生起码要两个小时,这两个小时里孩子可能在写作业、看卡通,然后就到了8点多钟,洗漱,上床睡觉。时间的确是排得满满的,妈妈也一定是累得不得了。可是我们看一下这个时间表,没有安排那么一段时间来和孩子聊

天！哪怕一刻钟都没有！

她的妈妈和我诉苦：每天工作很忙，又想让他吃得好、穿得干净，每顿饭都马虎不得。有时候孩子到厨房来和她说话，她正忙得焦头烂额不在状态，所以草草地打发了孩子。慢慢地，孩子回家习惯了自己看电视、看书，妈妈也乐得清净做自己的家务。再后来就变成了这个样子，妈妈想问孩子一些他的情况，孩子都不愿意和妈妈说了。

妈妈也有妈妈的苦衷，工作的累，家务的繁重，还不都是为了孩子吗？

我们让孩子吃得好、穿得好、受好的教育，可是我们有没有想过该如何照顾孩子的心灵？我们关心孩子的身体有没有着凉，各项微量元素是否达标，可是有没有关心过孩子的心灵是否孤寂、健康？

六岁时就什么事情都不和妈妈讲，不让妈妈走进他的心灵，那么等到叛逆的青春期，我们该如何知晓孩子的心事呢？

虽然我们生活在同一屋檐下，在同一张桌子上吃饭，你知道他的体重、身高，甚至知道他每天几点钟大便，可是如果他不和你说自己的想法，那么他就是生活在我们家里的陌生人。你不是他的妈妈，而是一个照顾他饮食起居的保姆。

我们不愿意看着那个让我们受尽十月怀胎之苦，倾尽心血的孩子变成一个陌生人吧！

请关注每一次孩子主动和你说话的机会，这次你在忙家务没时间和他说，下次你在和朋友煲电话粥，也没答理他，或者，以后他再也不愿意和你说心里话了。

我常常对朋友说，如果孩子主动过来和你说话，请一定要珍惜这样的机会，哪怕地上有一大堆脏东西等着你收！

第十三节　不要用爱胁迫孩子

每一个妈妈都爱孩子，都对自己的孩子寄予了无限希望，希望在这张白纸上绘出最美好的图案。但是即便再爱，即便为孩子舍弃得再多，都要在心里告诉自己这一切都是自己心甘情愿的，没有谁逼迫你如此。

所以要用一颗平常的心来面对孩子成长的每一步。

前几天铁锤期中考试，在发表成绩的第二天，铁锤回来告诉我他们班上一个男生回到家，他的数学考试卷子就被他妈妈撕成了四块。其实那个孩子的成绩也还不错，比大多数都要强，只是还不拔尖。

可能有很多人会说这位妈妈要求得真高，同为母亲，我就能够理解她的高要求。

她和我们都不一样，她为了孩子上小学放弃了自己的工作，每天就是接送孩子，做家务。有两次放学后铁锤要和那小孩玩，他妈妈都说家里的煤气灶上还炖着菜呢！为了让孩子能够节省下在路上奔波的时间，他们在学校附近租了一套房子，只为了孩子每天能够多睡一会儿觉。

因为她为孩子付出的比我们多，所以她自然也要求孩子的高回报。

每一个人在向一个对象付出情感和精力的时候，都会在心里有所期待，希望对方也能给他回报。就像一株植物，我们精心爱护，希望它开的花比别人家的都漂亮，希望它的花期比别人家的都要长。

俗话说得好：滴水之恩，涌泉相报。我们做父母的不奢望付出与回报的比例像"滴水"和"涌泉"这么悬殊，我们只希望能有一个等价的交换，这有什么不对吗？

这没有什么不对，但是如果对孩子的每一次付出我们都眼巴巴地等待回报，那么我们会活得很累，因为失望的时候太多。现在很多家长期

望回报的方面很单一，几乎只限于学业方面。家长心里常这样想：你的钢琴学得比他早，你的老师比他的老师有名气，那么你就要弹得比他好。其实在学习上每个个体的资质和悟性都千差万别，彼此之间没有任何可比性。

一个孩子出生，我们作为他的监护人有义务去满足他在精神上和物质上的需求，但是你要如何满足他、要满足他到什么程度，这个是由你自己决定的。你可以做到60分，也可以做到100分，但是你要知道你做的这些不是孩子向你索要的，而是你心甘情愿地付出，所以在付出的那一刻你心里就应该做好不计较得失的准备。如果你用你的付出去胁迫孩子给你回报，甚至会因为孩子的回报不够而大为恼火，那么就请不要为孩子付出那么多。不如把放到孩子身上的精力放到自己身上一些，这样你就不会失望，因为你不会辜负你自己。

养一个孩子，是一项高风险的投资，谁也不知道最后的结局是怎样，所以也格外让人期待。

为人父母，我们要尽量做到用一颗平常心来对待孩子。我们要告诉自己，我们的孩子很普通，我们为他做这么多的努力，就是要让他和大多数孩子一样，不要被落在后面。如果他能够出类拔萃，那是我们的意外收获；如果他是一个比较优秀的普通人，那也遂了我们的心愿。

用一颗平常心对孩子，我们轻松，孩子也会更快乐。
爱他，是我们愿意的，因为有了他，我们的爱才有了释放的空间。
所以，我愿意用爱来帮助他成长好，而不是胁迫他一定要报答我的爱。

第十四节　做一个让孩子骄傲的妈妈

我们总想着把全部的心血放在孩子身上，希望他们健康长大，有一

个好的前程。我们对他们寄予无限希望,甚至希望他们可以完成当年我们那些失之交臂的梦想。

我们期待,他们可以长成一个让我们骄傲的孩子,期待有一天,我们可以骄傲地对别人说:他是我的孩子!

其实你有没有想过,做了妈妈的女人也可以有希望,我们也可以不断地完善自己。或者有那么一天,我们的孩子可以骄傲地对别人说:我是她的孩子!

我"认识"一个小孩,其实我们也没见过面,但是却知道关于她的很多事情。

铁锤小的时候我们常去图书馆,那里的管理员阿姨很喜欢铁锤,她告诉我她认识一个小女孩就和铁锤的经历差不多。她和铁锤同岁,也是很小识字,早期阅读开展得也好,还有很多参加社会活动的机会。所以以后我和铁锤去图书馆,管理员都会和我谈起那个小女孩,记得铁锤三岁上了幼儿园,小女孩的父母觉得她比同龄的孩子在认知能力上高出很多,所以没有让她读幼儿园,而是每天去学习数学、语文,到英语学校学习英语。上了小学后,小女孩直接上了三年级。为了给孩子更多学习时间,她妈妈和老师说,她的孩子每天只上半天课,中午就接走。下午都由妈妈来陪她学习功课。这些年为了培养孩子,她妈妈从一所小学的骨干老师主动申请去看收发室,因为这项不对口、没有前途的工作可以有更多的空闲时间来陪孩子。

我真是很佩服这位妈妈,她有这样破釜沉舟的气势,如果每个孩子都有这样一位敢于"舍"的妈妈,那么他们都有"被万人瞩目"的可能。如果我用那么多的心思放到铁锤身上,铁锤将来一定是个不平常的孩子。于是没人的时候我在心里问自己,到底有没有这样不顾一切的勇气?问了好多遍,答案都是否定的,我愿意为铁锤做很多事,但是让我这种程度的付出,我还是做不到。

和那个小女孩的妈妈比起来,我觉得自己真的是不够负责任,对铁锤不够好。因为我的计划里不仅为铁锤计划了未来,更多的时候还设计了我自己的未来。而且我没有做好为了铁锤而赔上我自己的人生的心理准备。

养孩子不是像加工面包一样,只要有了面粉、鸡蛋、泡打粉,你就能烤出面包来。有时候我们的初衷是好的,想法也是好的,但却未必有我们期待的那个结果。

曾经有一篇文章说过在每年的高考过后,成绩好的学生家长和成绩糟糕的学生家长都有一个共同点,几乎都是全力以赴地致力于孩子的教育。

不是每一个付出全部的妈妈都会养出一个优秀儿女。

在投资孩子的同时也要留一半的精力给自己。

有一句话说得很好,出生即别离。在离开我们身体的那一刻,他已经不再属于我们自己了。因为为人父母、血脉相连,我们要为他付出精力和金钱,要无微不至地对他好。但是这种好是有限度的,绝对不是赔上了自己的人生,只为了丰满他的人生。

在特长班我遇到这样一位妈妈,她为了孩子能吃好饭而辞去了工作。因为她觉得幼儿园的饭菜没有家中的营养,所以这位妈妈每天中午把孩子接回家来吃午饭,然后再送回幼儿园继续下午的课程。和她比起来,我也很惭愧。做了三年的全职妈妈后,铁锤上幼儿园,我回单位上班。上了小学后铁锤一直在学校吃学校的配餐,我从来没动过辞职给他做饭的念头。我总觉得别的孩子能吃配餐,我的铁锤也能吃。而且事实证明,铁锤吃了半年的中午配餐,脑袋和身体都还成长得不错。

我很清楚现在已经不是"母以子贵"的时代了,一个妈妈必须要有自己的事业和人生。只有妈妈不断地丰富自己,她才可能站在一定的高度上参与孩子的成长。

我一直坚持写自己的育儿心得,和很多妈妈们分享自己的育儿点滴。在铁锤一年级的时候,我开始在报纸上写我的同名专栏,他二年级的时候,开始有出版社邀请我出版自己的书,我把自己在家里和铁锤做过的科学游戏整理出来,做出了我的第一本书《越玩越专注》,在他三年级的时候,又有出版社邀请我写我的育儿经历。可以说,我和铁锤一起在成长,我在浇灌铁锤这棵小树的时候,我也让我自己尽享阳光,努力生长。

有一天铁锤看着我的作家协会证书,问我:妈妈,你到底是工程师还是作家?我说你觉得呢?他说妈妈既是工程师也是作家,妈妈什么都能做好!

我不放弃自己的事业,是因为我不仅要有一个骄傲的儿子,我也要儿子有一个值得骄傲的妈妈。希望我的儿子能够理解妈妈的这种自私,认同妈妈的这份保留。我不会放弃自己的专业去刻意培养一个神童,也不会为了他吃到美味午餐而辞职在家。

铁锤有铁锤的人生,我也有我的人生。我不是爱人的附属,也不是儿子的附属,我就是我自己。

我希望有一天别人在介绍我的时候不要说我是铁锤的妈妈,而说铁锤是梁小桥的儿子。

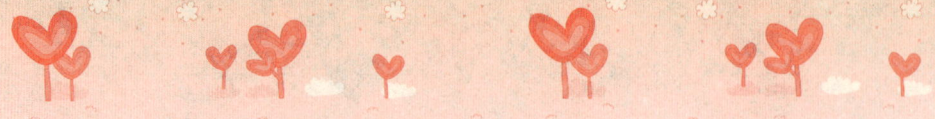

第七章
孩子他爸，咱们两个要一条心

我们都说每个男人都是孩子，但是我们一定要给这个孩子以长大的机会和空间，只有他慢慢长大，才可以有一天为我们遮风挡雨。如果我们总是抱怨他是个孩子，然后不放手让他去长大，那么他将永远是一个长不大的孩子。

让爱人知道和孩子成长的快乐，让爱人知道你的辛苦，给爱人一个长大的空间，那么你就会得到一个体贴、爱你的成熟宽容男人，而永远不会做婚姻中的"单亲妈妈"。

第一节　你是有婚姻的单亲妈妈吗

很多男人在做了爸爸以后，会有一个很奇怪的想法：带孩子是女人的事，男人主要是赚钱养家。有的男人自己主观上不愿意参与到孩子的成长和教育中来，觉得自己只要回到家就应该看到一个聪明健康的可爱孩子，最好不要身前身后地围绕，弄得心烦。也有的男人很喜欢小孩，也愿意分享孩子的成长点滴，但是因为不够细心，常常不得要领，弄得孩子哭闹，弄得女人心烦。有时候女人会责怪爱人，否定爱人带小孩的热情，说他连孩子都看不好。久而久之，男人就被动地退出了孩子的生活。然后妈妈会在某一天发现，养育孩子的重担都落在了自己一个人的肩头，于是开始抱怨。

可是,那该怨谁呢?

前段时间朋友的儿子高考结束,她和爱人帮助孩子整理房间。很意外的,在孩子的枕头下面发现了一封女生字体的信。他们以为是女生写的信,急忙打开来看。看后才知道是高考前孩子的班主任写给他的一封鼓励的信,信上说:你要感谢你有一个好妈妈。你是一个懂事、重感情的好孩子,你用你的努力和好成绩回报了妈妈的辛苦付出。朋友读完这封信很感动,不过有一个细节很搞笑,她说她爱人看完这封信默不做声地离开了儿子的房间。我开玩笑说三年里孩子的班主任都没见过孩子的爸爸,也没有和他通过电话,她一定以为这个孩子是在单亲家庭中长大的呢!

有一天晚上,我的一位年轻朋友和我抱怨自己的爱人不管孩子,每天下了班就是玩电脑游戏,如果让他带孩子他就和孩子一起玩游戏,或者让孩子看电视,自己玩游戏,什么也不做。她问我该怎么办?我也无语,我说一两句话说不清,找时间见面再谈吧。

和她谈完,我的一位脑海里突然蹦出来一个词——单亲妈妈!和传统意义上的单亲妈妈有所不同,她是一个有着婚姻的单亲妈妈!

有婚姻,就是双亲,怎么还是单亲呢?因为一方没有担负起来他(她)应该做的工作和责任,所以形式上貌似双亲,内容上却是单亲。看身边多是有婚姻的"单亲妈妈",几乎没见过有婚姻的"单亲爸爸"。

哪一个女人都不想做婚姻里的单亲妈妈,不仅身体累,内心里又没有一个分担的人,会更加累。可是怎样才能改善"单亲妈妈"的局面呢?

首先,让爱人体味到带小孩的其乐无穷。想要让爱人参与到孩子的生活中来,最重要的就是要让他体会到照顾孩子的成就感。有了这份成就感,他会很积极主动地参与孩子的生活,他有了主动性,你不让他管孩子都不成了,你还担心什么呢?铁锤小的时候,因为我做全职妈妈,我体谅爱人每天在外面工作辛苦,所以孩子的很多事情都由我来做。慢慢地

我也遇到了类似的问题,我和孩子忙忙乎乎睡了,他还在客厅里上网玩游戏。我们没有因此吵过,不是我没有意见,而是我不愿意和任何人吵架。铁锤十几个月的时候开始小有名气,被当地两家电视台报道过。有一天爱人回来说有几个同事在电视上看到了铁锤,问是不是他儿子?还向他取经:怎么对孩子做早教?怎样达到早期识字?他和我说起这些的时候很高兴,甚至有点兴奋。我发现对于一个男人,没有什么比夸他的孩子好更开心的了!从那以后,我留意爱人的变化,他开始关注孩子的生活和教育,甚至孩子服装的搭配和作息时间安排。很多时候他会和我说孩子幼儿园和学校的事,让我给老师或者哪个家长打电话询问,还有时候和我讨论孩子这一阶段学业上哪个环节有些问题,什么时间以什么方式来加强。每周末他都让我多睡会儿,他去送孩子上英语课,上学期孩子的计算薄弱,每晚他都给孩子出一页计算题,所以期末才会有好成绩。

孩子的每一个进步,他都欣喜,孩子的每一个小挫折,他都会皱一下眉头。有这样的男人,怎么可能会有婚姻里的单亲妈妈?

其次,要让爱人知道你也辛苦。不要像老妈子一样任劳任怨地干活,心里憋着一堆的苦不说。这世界上好多情绪你不表达,对方就永远不知道。如果你不让爱人参与到教育孩子中来,他或者会得了便宜还卖乖地以为你一个人霸道地独享了美妙的亲子时光呢?这样久了,习惯成自然,管孩子就成了你的分内事,不做还不对了。而且这样的家庭状态对孩子的成长有很大影响,如果是男孩子,他会在以后他的家庭中延续爸爸的模式,如果是女孩子缺少爸爸的关爱,很容易影响到她未来的感情和婚姻生活。找一个周末,让爱人把你每天为孩子做的工作单独做一遍,看看他的感受。

让他知道孩子每餐饭虽然吃得很少,但是却也要大动干戈达到营养

均衡；也要他知道每天看着轻松地去公园晒太阳，要带足尿布、纸巾、一件单衣和足够的水，让他感受一下在外面换纸尿裤的麻烦和疲惫不堪还有抱孩子上楼的辛苦。各种滋味，他只有体会了才懂得体谅你，不然永远是站着说话不腰疼。

最后一点很重要，要给男人这个孩子一个长大的空间。很多女人对男人做家务上不放心，白衣服洗不干净，不注意袖口领子的细节。做家务都不放心，带小孩就更不放心了。怕磕着怕碰到，怕冷到又怕饿到。我很奇怪，他是孩子的亲爸，哪里跑出来那么多的不放心呢？作为女人，不可以在男人带孩子的时候犯的一点小错误，就对孩子紧张得不得了，好像在带孩子上面老公是个白痴！也不要把男人的一点疏忽扩大化，冷一点饿一点对孩子健康也没什么大碍。如果这样几次下来，男人会觉得与其带了孩子反倒落得一身不是，慢慢地就再不愿意管孩子了。等到你需要他帮助的时候，他会完全没有兴趣。谁都不是一开始就会带孩子，包括你自己也是从生手变成熟手；哪一个男人也不能都心细如发，而且心细如发的男人你也未必中意。

我们都说每个男人都是孩子，但是我们一定要给这个孩子以长大的机会和空间，只有他慢慢长大，才可以终有一天为我们遮风挡雨。如果我们总是抱怨他是个无能的孩子，不放手让他去长大，那么他将永远是一个长不大的孩子。

让爱人知道和孩子共同成长的快乐，让他知道你的辛苦，给他一个长大的空间，那么你就会得到一个体贴、爱你的成熟宽容男人，而永远没有可能做婚姻中的"单亲妈妈"。

第二节　孩子爸爸哪去了

周末我和铁锤幼儿园的几位妈妈约好，带孩子们去儿童公园滑雪圈。

天气虽然冷,但阳光还不错。起初只是铁锤他们四个孩子玩,慢慢地人多了起来,有差不多十二三个孩子和家长。

我们同去的妈妈负责放雪圈和拉雪圈,我负责在下面给孩子拍照。在远处想给孩子们拍个全景,我抬起头举起相机,忽然发现,这十二三个孩子从四五岁到八九岁不等,但无一例外的是他们全部都是由妈妈陪着来的。

我忽然想,大周末的,此时,这些孩子的爸爸在哪里?他们都在做什么?

铁锤的爸爸在家里,写下学期的教案、做些家务。其他孩子的爸爸呢?是在家打扫卫生,还是在单位加班,或者是在应酬交际、吃饭、玩麻将,再或者上网偷菜、玩游戏?

这种由妈妈来带孩子的现象在哪里都能看到。在特长班的门外,焦急等待的都是妈妈们。妈妈无所事事,而爸爸是男人,是要做大事情的大丈夫,怎么可能做这些琐碎的小事?

我曾经遇到过一个家庭。孩子的生活,事无巨细都由妈妈负责。送孩子上学,去辅导班,晚上孩子写作业的时候妈妈不是在一旁织毛衣就是陪着看书,他的爸爸逍遥自在,非常清闲。这样度过了小学、初中、高中,等到孩子拿到了那所重点大学的录取通知书后,他爸爸很开心,到处炫耀。朋友打趣他:孩子这么棒,还不都是他妈妈的功劳,你做什么了?这位爸爸很尴尬,但也没有词穷,挺着腰杆说:"我遗传了!"

很多爸爸平时借口工作忙不参与孩子的教育,等到孩子的发展不尽如人意时,他们就会劈头盖脸地抱怨妻子,养孩子是女人的事,怎么连个孩子也带不好?

我很奇怪,谁说养孩子是女人一个人的事?有几个妈妈能够不依靠

父亲的力量把孩子带得特别棒？

我想对把孩子教育一股脑儿推给妻子的男人说，你要是想让你的妻子独自带好孩子，首先你要先娶个孟母那样极有能力的女人。否则，一切很难实现。

孩子不是妈妈一个人的，教育也不应该由妈妈独自完成。

我们的孩子很小的时候身边就围绕着好几个女性，妈妈、姥姥、奶奶甚至月嫂，因为女性细心温柔，能够给宝宝最体贴的呵护。再大一点，孩子上幼儿园，遇到的都是女老师，以后小学的班主任大多也是女人，所以在孩子的成长过程中身边出现的大多是女性角色，父亲几乎是唯一的男性角色。可是这个角色却又常常在孩子生活中缺失。现在常有报道说在学校里呈一片阴盛阳衰的现象，我想这和父亲在某种程度的缺失不无关系吧。

在很多家庭里父亲都是顶梁柱，是做大事情的人。但是我觉得在一个家庭中再大的事情也没有孩子的事情大。父亲总觉得自己忙，以后陪伴孩子来得及。其实孩子转眼就长大，等到你空闲下来想陪伴他的时候可能他已经不需要了。

我们看到过很多成功人士背后都有一个坚韧、执著的父亲，他们对孩子的影响甚至超过了母亲。在华盛顿向爸爸承认是自己砍倒了樱桃树后，爸爸对他说了这样一句话：爸爸宁愿损失一千棵樱桃树，也不愿你说一句谎话。这一句话影响了华盛顿的一生。

在孩子成长过程中，父亲的角色很重要，不论是男孩还是女孩。

很多父亲困惑，不知道该如何和孩子交流，怎样和他们一起玩？

其实父亲能和孩子做的事情有很多。捉蝴蝶、做标本、放风筝、玩轮滑，看一部卡通片，一起到公园走走。我在一本书里看到一位父亲和孩子一起做家具，锯木头、刷油漆，当时我很感动。因为他的父亲不是一位

专业的木匠,但是他肯为自己的孩子做他不擅长的事。这样的工作是很好的亲子劳动,在劳动中父亲和孩子互相合作,亲密交流。可能会弄脏衣物,但是得到的一定比失去的要多。

很多事情,父亲可以做得很好,但母亲做起来却很难。
母爱像涓涓的流水,润物细无声,滋润心田;
父爱则是巍巍的高山,阻挡风雨,指引方向。

父亲是非常重要的角色。一个合格的父亲能够缜密观察、衡量,为孩子填写那份重要的高考志愿,同时他也可以陪孩子看一场电影,打一次电玩。

 第三节 究竟是谁的小孩

有这样一对父母。

在孩子取得成绩的时候,妈妈开心地搂着孩子对爱人说:"看,我的孩子多棒!"好像这个孩子是妈妈一个人的,和孩子的爸爸毫无关系。爸爸也会说:"他(她)完全像我,所以才这么棒!"那语气好像爸爸一个人也能生出来小孩一样!

还有这样的情况,在孩子发生问题时,妈妈说:"你看看你的孩子多不像话,这么不懂事!"爸爸也会不甘示弱地说:"他(她)怎么了?都是你平时给惯坏了,和你一个样!"此时他们把一个出现了问题的孩子都推向了对方一边,互相指责、推诿,却不想着从根本上去解决孩子出现的问题。孩子怯怯地躲在一旁,看着唇枪舌剑逃避责任的父母,不知所措。

他(她)是爸爸和妈妈的小孩,他(她)的出生,他们两个谁都逃脱不了干系。

可是有的时候他(她)变成了妈妈的小孩,有时候又成为了爸爸的小孩。

在孩子有成绩的时候,我们对爱人说我的孩子如何如何;
在孩子出现问题的时候,我们对爱人说你的孩子如何如何。

眼前的这个孩子,到底是谁的呢?

毋庸置疑,他(她)不是某一个人的小孩,而是我们共同的小孩。

在他(她)周围满是鲜花、掌声雷动时,他(她)是我们最爱的小孩,因为我们齐心协力,让他(她)有了今天的成绩。我们为他(她)骄傲,也为彼此自豪。

在他(她)发生问题、满目疮痍时,他(她)依然是我们最爱的小孩。我们要静下心、携起手来寻找我们失败的所在,互相鼓劲,从头再来。

他(她)是和我们血脉相连的生命,他(她)的一举一动、一言一行都和我们息息相关。无论什么时候,我们都要站在一起。

父母双方在孩子的教育上,要面向着共同的方向,这样能量才会累积。如果我们面对面地互相指责,我们的能量就在你来我往中消耗浪费掉了。

爸爸可以制订计划,妈妈来实施。或者爸爸妈妈共同制订计划,一起完成。

在融洽的爱中长大的孩子有广阔的成长空间,有丰富的给养,他们会成长得顺利,长得舒展。

而在指责、推诿中长大的孩子,会不小心被流弹中伤,而长出奇怪的样子来。

作为父母,我们不仅要爱孩子,我们还要相爱。
因为,那个小孩不单是我的,也不独是他的,而是我们共同的小孩。

孩子他爸，咱们两个要一条心

曾经有过一个妈妈对我说她的小孩很聪明，但是只要孩子他爸在家，孩子就完全是另一个样子了，一点不听话，而且还把他的爸爸当做挡箭牌，用来对付妈妈。

在对待孩子的问题上爸爸妈妈应该是一条心的。也就是说，在遇到孩子的问题时，父母应该保持一致的态度。因为只有这样，家庭中的力量才可以是相加的，而没有产生内耗。

因为孩子犯错误，你打了孩子，然后孩子的爸爸因为你打孩子又批评你，转而他去护着孩子。我觉得不能够妈妈刚批评了孩子后，爸爸就去批评妈妈，孩子会觉得自己异常委屈。这时候事情发生了质的变化，有问题的不是孩子了，而是孩子的爸爸。原来是爸爸妈妈两个人的力量去面对孩子的问题，结果因为意见不一致，变成了爸爸的教育方式针对妈妈的教育方式，两个人的能量在矛盾中耗掉了、浪费了，让父母为孩子付出的心血在这种不一致中大打折扣，所剩无几。

在父母的矛盾中，孩子很容易倾向对自己最有利的那一个人。如果妈妈说的观点他喜欢，他就会投入妈妈的怀抱去打击爸爸，如果爸爸的说法对自己口味，他又会远离妈妈走向爸爸。这样一来在孩子的教育上就没有"错"与"对"的分别，只有二比一，少数服从多数。而真理又未必在多数人的手里。孩子在父母这两个不同的观点下，会分不清谁是对的，为了争取那个多数的"二"分，事情会发生戏剧性的变化，由孩子取悦父母变成了父母取悦孩子。甚至有的家长会为了证明自己是对的，而在孩子面前诋毁另一方，失去了家长的尊严和威信。

也因为父母的观点不统一，在妈妈面前他要这样做，面对爸爸时他又要那样做，久而久之，甚至有的孩子会在这种冲突的观点下产生双重人格。

有人可能会说，那你和你爱人的育儿观念就是不一致，怎么办呢？

不一致很正常,因为爸爸和妈妈是来自于两个家庭,有着不同生活经历的两个人,所以有不同的观点很正常。但是我们要注意的是,不要在孩子面前讨论你们之间的对与错、利与弊,请回到你们的房间,关上门,你们两个去陈述利害,等到意见统一后再共同面对孩子。要记住不是谁的嗓门大谁就有道理,不是谁的语言尖刻谁说的就是真理,心平气和地把你们的观点亮出来,最好有理有据,以理服人。首先要明确育儿的方向,大方向一致了,小问题就好解决。要知道育儿是个漫长的过程,这种冲突和矛盾不可避免,甚至层出不穷,我们必须平心静气地面对面地解决问题。如果夫妻两个本身的矛盾还没解决,那何谈解决孩子的问题呢?有一句戏词唱得好:郎呀,咱们两个是一条心。在教育孩子的问题上,父母一定要保持一致。

孩子还小,只要你和孩子的爸爸保持一致,所有成长中的问题其实都不过是些小问题。

第四节 不做肉丸子父母

我们要做一块有个性、有味道的肉,不去做那些看不出形状的肉丸子。

我在外面吃饭,很少吃包馅的食物,因为妈妈说不知道里面包裹的是什么肉,吃了不保险。

前几天看了郑渊洁一篇关于"肉丸子"的文章,觉得我妈妈说得很有道理。

他说他的一个小童话迷长大了,开了家饭店。向他透漏行业秘密。好的肉用来做菜,因为顾客能够清楚地看到肉的形状与质地。而那些不太好的肉呢,就用来做肉丸子。因为剁碎了放在一起,任你是火眼金睛也没办法分辨出是什么品质的肉。

看看我们身边的有些"望子成龙、望女成凤"的父母,真的和肉丸子里面的肉差不多!没有个性,没有独特的味道和形状,和别人拥挤地混作一团,人云亦云!

今天看人家的小孩钢琴弹得好,恨不得明天就给自己的孩子找一个钢琴老师!看见别人的小孩三岁学英语,他也要送孩子去那家英语学校。凡事都要和人家看齐,生怕比人家的孩子落下一点点!

他们很忙,忙得没有时间想一下自己的孩子究竟适合哪一类的教育?

他们很盲,盲目地跟着周围的环境起起落落,没有方向。

好像肉丸子里面的肉,拥挤在里面,同样的味道,同样是乱七八糟的形状。

我们的孩子在上同样的学校,师从同一名老师,为什么却有着完全不同的性格和人生态度呢?

因为孩子所受到的教育不完全来自于学校、教室、老师,所以和他们朝夕相处的父母才是给予他们最多的老师。孩子是爸爸妈妈生的,从生理的角度上父母应该遗传给自己的孩子。在漫长的成长过程中,父母是他们人生道路上最早遇到的人,所以孩子天生就会相信父母,依赖父母。也因为父母与孩子最亲近,他们长时间的语言与行为都潜移默化地影响了孩子。这种影响不可小看,因为它是不间断的,润物细无声的。孩子小的时候,因为他少有机会和外界接触,我们做父母的便是他的整个世界。所以父母对孩子的影响,深刻又长远。

有一天你会发现你和孩子同时说出了同一句话,孩子吃饭的习惯和口味与你一模一样,甚至那个思考时的表情也和你如出一辙。

如果我们不希望我们的孩子成长为肉丸子中一块没有味道、没有形状的肉,那么我们必须先让我们自己不变成那样的一块肉。

只有我们做一个有思考能力的家长,我们的孩子才有机会成为一个有思考能力的人。只有我们不随风摇摆,我们的孩子才可能坚定;只有我们不人云亦云,我们的孩子才可能有自己的主张。

在无数焦灼的面孔中,我们要有一张自信的脸庞。

在无数茫然的目光中,我们要有一双坚定的眼睛。

为了我们的孩子终将成为一块色香味俱佳的"肉",我们坚决不做"肉丸子"父母!

第五节　孩子不是父母的装饰品

不论在什么时候,我们都要清楚孩子是一个有血有肉有感受的个体,而不是一枚没有感觉的徽章,让我们别在胸前,脸上得意扬扬。

最近常看到一些明星拉着孩子逛街的照片,又黑又瘦、一身名牌的维多利亚拉着她的三个公子旁若无人地走在街上,惹来无数媒体的目光。被关注不是她那双完美的"人工半球",而是那三个可爱漂亮的孩子。也有小S产后复出为杂志拍的封面,大摆pose,论身材她不及那些模特,论相貌也说不上惊艳,但是夺人眼球的是她的右手抱了一个小Baby。这个小Baby就是小S最大的亮点,别的明星可能比她漂亮可能比她身材好,但人家是超级辣妈,这个是那些未婚女星无论如何也比不起的!所以对于这些明星来讲,孩子就是她们最佳的装饰品。你看张柏芝那几年啥也不干,就在家生孩子,照样频上媒体的头条。没有新作品,孩子就是她们的卖点,孩子能把镜头吸引过来,继而落在明星们的身上。

所以说对于没有什么过硬作品的明星父母来说,孩子就是他们的装饰品,他们可以把孩子打扮成公主王子抢夺媒体的镜头,那对于我们平凡人,孩子又是什么呢?

孩子也是我们平凡人的装饰品吗?

前段时间我们在去青岛的火车上认识了一个小孩。他们也是全家出来玩,看到铁锤,他的舅妈就和我们介绍他。他比铁锤小一岁,却和铁锤读同一个年级。我问他为什么早一年上学呢?他的家人告诉我这个孩子特别聪明,四五岁的时候就能够认识两三千个字,自己就能够读书了。看着我的表情疑惑,他家人马上说他成绩可好了,期末考了第七名呢。如果不马虎,就能得双百分。因为他的习惯不好,例如"真"字里面是三横,他图快,给里面写了两横,都是这样马虎丢掉的分,其实那张试卷的内容他都会。我们知道小学一年级试卷上的题目有几个孩子是不会的呢?它考查的是细心和认真,看学生是不是有严谨的审题能力和理解能力。

在我看来一个孩子是不是具备入学的条件,不在于他是不是能够读懂题,而在于他是否有一个良好的学习习惯。

很明显,这个小孩不具备提前上小学的条件,因为他没有建立起一个良好的学习习惯。这个习惯是要在幼儿园大班建立的,如果你省略了这个环节,就把问题留给了一年级,一年级再解决不掉,就遗留给了二年级,像滚雪球一样最终会变成学习的障碍。当然他的家长不断地说他成绩好,考了第七名,其实他们不知道如果这个孩子按部就班地入学,可能会名列前茅。

他的家长告诉我这个孩子一直想跳级,我想真是个有想法的小孩呀!后来他家长的话让我大跌眼镜,原来因为他年纪小,个子小,同学都不愿意和他玩,所以他想跳级早一点结束在学校的学习生活。听到这里我有一点担忧,我忽然感觉这个孩子很可怜。从前总有人说让孩子早一点上学,这样他成熟得晚,会一门心思在学习上。现在看来,一个六岁的孩子已经很有想法了,他并不是讨厌学习,他只是讨厌这种不被大多数同学接纳的校园生活。

他的家长告诉我小孩一直在学国际象棋,已经是六级骑士了,并且强烈要求和铁锤杀一盘。铁锤连那些棋子的名称和摆放位置都不知道,

就硬着头皮下了两盘,输得落花流水。我看小孩子爸爸的表情很有意思,一张脸孔写满了得意扬扬。的确,这个孩子可能给他们带来过很多表扬,让许多羡慕的目光投在他们身上,我们都是平凡人,得意在所难免。每一个父母都会觉得自己的孩子是最棒的,也可能你真的会遇到一个比大多数孩子优秀的孩子,但是关注他的心理,为他设计最适合他的道路才是父母真正该做的事情。

一个孩子提前入学的确可以让父母骄傲,脸上格外有光彩。但是入学后孩子的心理状态和父母的虚荣来比较,哪一个更重要呢?

一个孩子是父母的名片,他的一言一行都能够透露父母的信息。但是孩子不是父母的装饰品,更不是为了满足父母虚荣心的牺牲品。他是一个有生命、有想法、有感觉的个体,我们做父母的不应该为了自己的虚荣心而无视孩子的情绪。如果父母一味地按照自己的想法为孩子设计道路,忽略了孩子的真实感受,总有一天他们会发现孩子没有朝着他们期待的方向发展。

在孩子的父亲离开的空当,孩子的舅妈和我说了这样一件事。在青岛玩的时候路过一座孔子的塑像,小孩的妈妈让他去拜一下孔子,求将来学习的好成绩。没想到小孩到孔子面前作了一个揖,然后大声说:"孔子,请你保佑我学习不好吧!"然后还故意转过脸做表情去气他的妈妈。

我很为这个小孩悲哀,他可能真是一个比较聪明的小孩,但很不幸他没有遇到一对儿懂他的父母。

他的父母还没有意识到学校生活还有父母的期望对孩子来说已经是一种压力了,孩子很想反抗,于是他说想要跳级,还向孔子求一个坏成绩,这些都是他在用自己的方式反抗。如果他适龄入学,他就可以不被大多数孩子排斥,一样的课间游戏玩耍,他自然会喜欢上学校生活。如

果他有一个好的学习习惯,就会有个让人欣喜的成绩,在学习上为自己赢得大家的肯定,同学也会主动接近他,他也会爱上学校生活。可是他的父母没有发觉孩子受压抑的心理,依然沉浸在自己的孩子四五岁就能够读书的得意之中。孩子现在还小,反抗的力量也微弱,如果他一直这样逆反下去,将会发生可怕的大问题。

不论在什么时候,我们都要清楚孩子是一个有血有肉有感受的个体,而不是一枚没有感觉的徽章,让我们别在胸前,脸上得意扬扬。

第六节 育儿中的贝勃定律

你会表扬孩子吗?

有一天,铁锤吃完糖后,吃了一个苹果。然后他惊讶地问我为什么苹果一点都不甜?好像没有什么味道。

我告诉他,是贝勃定律的作用。

铁锤很奇怪,问我什么是贝勃定律。

我说如果我每天给你一块糖,然后在六一儿童节那天依然给你一块糖,你会格外开心吗?铁锤回答我,也会开心,但不会特别地开心。

然后我又问他如果我从不给你糖,然后"六一"那天突然给了你一块,你会怎样?铁锤说,那我会很高兴的!

我说这就是贝勃定律了。像你刚才吃完了特别甜的糖,再吃苹果就觉得没味道。因为你的味蕾受到了强烈的甜味刺激,所以再遇到苹果淡淡的甜味后,就感觉不到一点甜。

铁锤说在我们幼儿园里也有贝勃定律。博博几乎每天都被老师批评,所以在老师批评他的时候他都不觉得怎么样。可是老师从不批评我,所以老师偶尔批评我一次,我会很不开心。

铁锤不笨,领悟得够快!

我在一本杂志上看到贝勃定律表明的是一个社会心理学效应,当人

经历了强烈的刺激,之后再受到一般的刺激对他来说也就变得微不足道了。

其实,这个定律完全可以用在孩子的教育上。

现在爸爸妈妈们都懂得"赏识教育",说好孩子是夸出来的。于是就毫不吝惜地夸奖。夸得孩子听着都发腻。这份夸奖好像每天给孩子的那块糖,天天给,给出了习惯。相反,哪一天不给了,孩子还非常地受不了。而且你今天给了一块糖,孩子很高兴,备受鼓舞,在心里告诉自己要做得更好。可是明天你再给他一块糖,他可能就不会像昨天那么高兴。这样子继续,忽然有一天你不给了,孩子会觉得你做得很过分,因为每天得到一块糖已经成为他的生活习惯。

所以,我们做父母的,不要慷慨地给孩子那块糖。因为糖给多了,味蕾得不到满足。糖会和白水一样没有区别,失去了本来的甜美。

我们也要吝惜我们对孩子的夸奖,因为我们夸得多了,孩子听得腻了,心理上便不能满足。此时我们的夸奖也会变得微不足道。

我们要做到,每一个夸奖都用到刀刃上。"你真棒"、"好极了"这类的语言要不定期地使用。让孩子在心理上形成这样一种感觉,只有做得足够好,才可以得到妈妈的夸奖。因为妈妈的夸奖不是廉价的,不是随随便便就能够得到。

在我很小的时候读过一篇童话,说一个特别喜欢吃糖果的小孩得到了一间房子。这不是普通的房子,房子的墙壁都是巧克力做成的,门前的小路是水果糖铺成的,屋顶的雪是白色的奶油。当时我想如果我有这样一间房子多好呀,每天睁开眼睛就是美味的糖果,该是一件多么开心的事情!可如果世界上真的有一间这样的房子,怕也没有几个孩子愿意天天住在里面,那些梦寐以求的东西,天天出现在眼前,也会是一件相当腻烦的事吧。

有很长一段时间,我深信好孩子是夸出来的,于是不停地夸。现在我也相信这句话,但是夸的频率有所改变。

因为我不常常夸他,他便格外看中我的夸奖,而且知道要通过自己的努力得到妈妈的夸奖。

贝勃定律属于心理学的范畴，其实妈妈也应该学一点心理学。

不过话说回来，妈妈好像应该什么都要懂，所以，做妈妈，不是轻松简单的事。

你会批评孩子吗

孩子在成长过程中，经常会犯这样那样的错误，作为父母我们要及时地纠正他们的错误，为了他们变得更好。

所以我们不可避免地会批评孩子，可是你知道吗？批评孩子也是有艺术的，也是分时段的。在以下几个时段，我们千万不要批评孩子。

一、在吃晚饭的时候我们不能批评孩子。

我们的家庭常常是这样，匆匆的早饭过后，孩子去学校，父母去单位，晚上各自回到家。所以每天一家人聚在一起的时间只有晚饭这一会儿。有些家长只要端起碗就开始数落孩子，那一双筷子好像是老师手里的教鞭。很多人家的晚餐都是这样一幅画面，父母喋喋不休地唠叨着，孩子的头埋得很低，都快要挨到碗里的米饭，那一双眼睛里蓄满了委屈、恐惧的泪水。我非常恨这样的父母，有什么话不能等孩子吃完饭再说？一天很难得的这一刻相聚时光，纵然孩子有多么不可饶恕的问题，也要让孩子安安稳稳地吃完这顿饭呀！想象我们的孩子和着那些劈头盖脸的责骂咽下去的饭，需要多少时间和力气才能消化掉呢？

有涵养的父母绝不会在饭桌上批评孩子，因为他们知道孩子的健康比什么都重要。

二、在街上我们不能批评孩子。

有一次我在超市门口看到一个孩子妈妈在大声呵斥她的小孩。他的妈妈满脸通红，像一个歇斯底里、至高无上的女皇，那个小孩很无辜，低着头像一个犯了错误的奴仆。来来往往的人都会朝他们望上几眼，有

的老阿姨劝那位妈妈，没想到她好像增添了力量，抬起脚踢了孩子屁股两下。孩子一动不动，可能他犯了错误，但是有这样一位妈妈，也是这个小孩的不幸。

孩子再小，也是有自尊心的。选择在人群中批评小孩，可能非常有力度，让孩子久久不忘。我们批评他是因为他身上有问题，我们希望他改正那些错误，然后身心健康。可是我们却忘记了，在众人面前对孩子的大声呵斥对他已经造成了一种伤害。我们这样做，可能帮孩子改正了一个错误，却又犯了一个更大的错误——伤害了他幼小的心灵。

不论多大的错误，不论你多么难以抑制，都要忍着，回到家，关上门，再说。

三、放下老师的电话后不能马上批评孩子。

上了学的孩子，我们常常要和老师通电话了解他在学校里的情况。电话里面我们知道了孩子的进步，同时也知道了他们的小毛病、小问题。发现了问题，就应该解决。一次铁锤的老师对我说铁锤上课的时候搞小动作，有时候会溜号。放下电话后，我把铁锤叫过来想问问他小动作的事。没想到还没等我开口，铁锤就说："老师是不是说我搞小动作了？"我意识到他可能想到老师会和我提到这件事情，所以铁锤在我和老师通话的过程中一直保持着高度的紧张。我想还是先不要说，好像每次和老师通电话他都会被批评一样。于是我对他说，没问题，老师说你表现挺好的，学习好，纪律也棒。他的表情马上放松下来，看来他还是很介意我和老师通电话这件事的。

后来我在几天之后的聊天中"很无意"地和他说了搞小动作的事，他很诚恳地告诉我一定注意，不过需要时间。

我很庆幸没有在放下老师电话的那一刻就和他说这件事，让铁锤能够很轻松地对待老师的电话。他会觉得老师的电话就是和妈妈在聊天，而不会有所戒备。所以第二天上学他会非常开心，也会觉得老师很

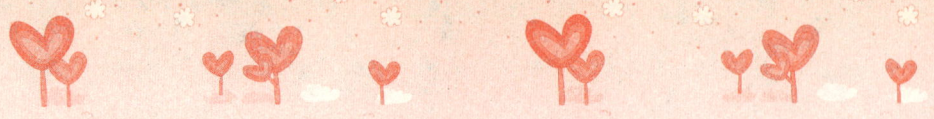

亲近。

在漫长的学习生活中,我们要很多次和老师通电话,也会发现孩子的很多问题。但我们千万不要在放下电话后马上批评孩子,这样他会在心理上抗拒老师和妈妈的交流,影响他的学习和心情。

养孩子是一门艺术,批评孩子更需要讲究时间、地点、方式方法。

第七节　尊重孩子从小事做起

"卡尺"和"毛寸"就是铁锤这两年的发型。

铁锤一直以来都是卡尺,就是用推子推,留下紧贴着头皮很短的一层头发。这样的发型很容易打理,尤其是夏天,洗一把脸顺便就洗头了。

可是从今年春天开始,铁锤开始不满意卡尺这个发型了。他嫌这个发型幼稚,坚持要换成毛寸。毛寸是要用剪刀一点点地剪,比卡尺费时、费力,而且过不了几天,头发就又长了。

但铁锤喜欢,其实我也喜欢。

每次铁锤理完卡尺,就是一个小顽童。而剪完毛寸后,在我面前的铁锤变成一个翩翩少年了!

但是铁锤的爸爸以及铁锤爸爸的爸爸很不满意毛寸这个发型,他们觉得不好打理,麻烦。于是铁锤和我理发的时候理回来的就是毛寸,和爱人去的时候,就顶着卡尺。他不想理卡尺,但是他没法说服他爸爸。

有一次我和铁锤理完发回来,铁锤的爷爷问他为什么留得这么长?铁锤回答:"难道你愿意当和尚吗?"

在铁锤心里,他也觉得毛寸是好看的。虽然小孩子不应该虚荣,不应该过于注重外表,但他是大孩子了,我想我应该尊重他的意见。

现在给铁锤买衣服、鞋子,我都会带上铁锤。因为他可以试穿,知道是不是合适,还因为他有自己独特的审美。如果穿自己选择的衣服,心

情会格外好。他喜欢绿颜色，喜欢绿色的毛衣，绿色的 T 恤，深绿、浅绿、草绿、墨绿全都喜欢。

作为妈妈的我最不喜欢黄绿的色系，但是铁锤喜欢，我就会买给他。

我觉得买他喜欢的衣服，理他喜欢的发型，就是对孩子的一种尊重。可能不好看，可能价格太贵，但是只要我能够承受，我都会依他。

我也曾年轻，那一点点张扬、个性、与众不同我都能够理解。大学的时候因为自己那张还有婴儿肥的圆脸，总要把两边的头发梳下来，遮住面颊。妈妈说不好看，不如清清爽爽的样子。可是我偏偏觉得好看，常常是在家里把头发梳整齐，出了门又弄成自己喜欢的样子。这是我十几岁时才做的事情，现在的孩子多聪明呀，铁锤才六岁就有了自己的审美。去年冬天我们两个去影楼拍照时，他一定要自己弄发型。他给自己喜欢的发型取了一个名字叫"尖刺头"，就是让前半部分的头发一根根的都站立起来。因为我不同意用影楼的摩丝，他就直接去卫生间弄了水在头上，然后造出了头发根根站立的闪亮效果！

很多妈妈说我娇惯孩子，但我不这样认为。我不过是给了他心灵上比较大的成长空间，给他成长的机会。

一件衣服，一个发型，让他自己选择，为自己做主，是对孩子的一种尊重。

我们家中的民主

上周末铁锤拿回来一张订阅杂志的表格，上面有几十种备选的儿童杂志，并且还附上了价格和订阅半年的赠品。爱人告诉我铁锤想订阅《故事读写》这本书，但爱人不太喜欢，因为他觉得我们家里的故事书实在是太多了，铁锤的精力应该往其他方向放一放，所以他倾向于那本《探

索地理》。我一看在这张订阅单上清楚地写着订阅这本《故事读写》的用户可以得到一个电子游戏机,我马上想到铁锤可能是因为喜欢这款游戏机才会订阅这份杂志,其行为就类似于寓言里的"买椟还珠"。

我忍着心中不快把铁锤叫来问他选择这本《故事读写》的原因是什么。他回答我说就是想看里面的故事。我看到好多杂志的后面附赠的玩具特别吸引小孩子,有磁悬浮飞碟、喜羊羊闹钟,还有女孩子喜欢的化妆包等等。小孩子一看到这些稀奇古怪的玩具就会被弄得眼花缭乱,很容易忽略了杂志本身。我觉得铁锤没有被这些附赠的玩具所吸引选那些不适用的杂志,而是依照自己的标准选择了自己最喜欢的那本杂志,这说明铁锤在某种程度上已经是个成熟、懂事的孩子了,我们应该尊重孩子的选择,因为是他在阅读,我们都不能代替他来感受。

我把我的想法和爱人说明了,他也同意铁锤依照自己的标准选择杂志。他还帮铁锤选了一本《探索地理》,因为我们没有那么多的机会带铁锤去游历世界,所以先让他在纸上来认识这个世界。我给铁锤选了一本《趣味数学》,我想通过这本书和铁锤一起玩转数学,应该是件特别开心的事!三本杂志订阅半年,一共是121元钱,可以让孩子有六个月的期待,是件非常值得的事。还有《小哥白尼》、《小读者》这类的杂志,在书摊上都能够买到,所以我们没有订阅,而是选择每月单独购买。

填写完订阅单后,铁锤因为我们为他订阅了他喜欢的杂志而感到高兴,几次问我是不是在《故事读写》的后面打了对钩。我和爱人也很满意,因为我们选择了站在家长的角度来看那些非常适合铁锤的杂志。

可能铁锤选择的这本杂志并没有那么好,但是这已经不重要了,我们之所以尊重铁锤的选择,是因为他能够独立思考、认真选择,从而受到我们的嘉奖。

第八节 孩子写作业的时候,你在做什么

我朋友的女儿比铁锤小几个月,上小学后学习情况一直不理想,状态忽好忽坏,她说孩子,孩子不听,必须要到抓狂的时候,孩子才会听。她觉得累,因为她不知道自己刚上三年级的女儿心里在想什么。这个小孩真是我看着长大的,很娇憨的一个小姑娘。我一直以为她可能不是成绩特别优秀,但绝不至于到让父母头疼的程度。可是今天的她,作业都得逼着写,她的确让父母头疼了。而且,还很疼。

她说在孩子眼里就知道打游戏。我问她,你在孩子面前打游戏吗?她很快说:嗯。不然我做什么?我没必要始终在她书桌旁边陪着吧?的确是,三年级的孩子写作业,家长没必要寸步不离。但是也不能在孩子旁边打游戏呀?她反问我:不打游戏,我干什么呢?一时,我无语了。孩子写作业,妈妈总不能也弄一套同样的作业在一旁写吧。

我想想,铁锤写作业的时候我在做什么。我在旁边看书写字,有时候准备晚饭,也有时候准备自己的东西,基本上我都和他在同一个房间。所以很多黄金档的电视剧我基本没印象,因为那段时间也是我和孩子亲子交流的黄金档,我没时间看电视剧。有时候铁锤很体谅我,写作业的时候会回头和我说:妈妈,你写自己的东西吧,键盘的声音对我没影响。如果不是特别赶的稿子,我都会选择在铁锤休息的时候写出来。也有过那么一段时间,铁锤学习的时候我在一旁弄我自己的东西,键盘敲得噼里啪啦响,后来我妈妈批评了我。她说你认为是工作,可是在孩子眼里你那个就是娱乐。你也从学生时代走过来的,你愿意写作业吗?你把学习当成过乐趣吗?明知道孩子在做一件不情愿的事,你还在一旁玩,这不是欺负人吗?孩子心里能平衡吗?能有积极的心态面对作业这个任务吗?没有好的心态,能有好的学习效果吗?孩子不愿意学习,到头来,还不是做家长的操心上火。

后来我回味妈妈的这段话,觉得很有道理。当年我就是贪玩不愿意

写作业的小孩，有过几个寒暑假期，一直到还有四五天就开学了，忽然发现一堆的作业都没写呢，当时感觉要被那一堆作业吓哭，恨不得生出三头六臂来快速写完！其实今天的孩子和我们当时一样，那时候家里是两三个小孩，写作业的时候都在同一个房间，甚至是同一张桌子头对头在灯下写，小的不会的题目可以问哥哥姐姐，那个就是学习的氛围。可是现在多是独生子女，一个孩子孤单地做一件自己本不喜欢做的事情。如果妈妈再在旁边激烈紧张地打游戏，孩子会是什么心情？

　　的确，作业是孩子的任务，大人已经不再是学生了。孩子写作业是他们的分内事，我们忙累了一天，难道不能玩游戏消遣一下吗？你当然有权利消遣，如果你没有为人父母，你完全不用理会一个小学生的心理。但是你已经有孩子了，就要考虑到孩子的心情。只有你和他在同一个战线上，你才是他的朋友、战友，他才可以对你托付心事，也会尽量采纳你的建议。如果你不和他并肩作战，时间久了，你虽然不是他的敌人，但你会变成他身边的陌生人。他和你之间会形成一堵墙，你总想伸头过去看，但是他什么也不想给你看。你想给他你的经验和建议，但是他毫无兴趣。你虽然是他朝夕相处的亲人，但他在内心里没有真正的作为朋友一样接纳你。因为你没有和他一起吃过苦，也没有和他在同一战壕里一起面对过敌人。很多家长抱怨，孩子宁可和外人诉说心事都不肯和父母说，其实这些在父母身上都能够找到原因。

　　不要小看写作业这件事，它是孩子每天的工作，也是父母靠近孩子的一个重要机会。

　　将来你们是不是有良好的亲子关系，你是他的亲密伙伴还是一个熟悉的陌生人，很大程度取决于他写作业的时候，你在做什么。

第九节　你给孩子感恩的机会了吗

感恩是一种能力

当我们老年，如果我们抱怨孩子不懂得感恩，那时候我们会不会想一想，在孩子小的时候，我们有没有培养过他们这种感恩的能力？

我朋友特别有趣，她女儿不论吃什么东西她都要咬上一口，她妈妈非常生气，说她那么大的人还和孩子争那口吃的。她说不是一定要吃那点东西，而是想让孩子知道要懂得和大家分享。她教育孩子不论吃什么食物，如果家里有长辈就先分给长辈，长辈吃过了，然后再自己吃。分食物的顺序按照辈分高低，先是爷爷奶奶，然后是爸爸妈妈，最后是自己。我开玩笑说她家是严格遵守《弟子规》的内容教育孩子，她女儿长大后一定是通情达理、温文尔雅的大家闺秀。她告诉我只有小时候在吃的方面能惦记长辈的孩子，长大后在方方面面都能够想起长辈，懂得感恩，知道去爱别人。

说到吃我想起上周末在肯德基我看到的一幕。那家肯德基毗邻一所文化学校，很多孩子上午补习后在肯德基吃过中饭下午继续补课。所以中午时候，那家肯德基餐厅都是背着大书包的孩子和妈妈。在我和铁锤吃饭的时候，看见一个妈妈端着满满一餐盘的食物朝我们后桌的一个初中生模样的女孩走过来。可能是女孩看见妈妈买了那么多食物，竟然对妈妈说："妈妈，你也吃呀？"这话听得我非常震惊，而我转过去看她妈妈的脸，却没有一点惊讶。可能这种话她听得很习惯，就像她女儿说得也很自然。我很是不解，你中午饿了要吃饭，为什么你妈妈就应该是机器人，不会饿，就不要吃饭呢？如果是家里平常的晚饭，她女儿不会在意妈妈吃不吃。可是这是在肯德基，我们成年人都知道汉堡、薯条是高热量的垃圾食品，但是在孩子的眼里它们就是好东西。因为我们做父母的都觉得孩子喜欢，所以总是单独为他点餐，他也习惯了父母在一旁看着他吃。一旦有一天，父母吃了一口，他就觉得这里面有问题了，这是非常不应该的。

看者都会说这个女孩不懂事，我觉得这样说她还是有点冤枉。问题更多的是她的父母，因为他们错误的教育方式导致她长成这个样子。都说孩子是一张白纸，是我们做父母的用一言一行在这张纸上涂抹。这个女孩不是不会爱，不是没有能力学会感恩，而是在她的家庭教育中，父母把这一课遗失了。所以这个孩子没有机会学习，也没有机会表达她的爱与感恩。

我们常常想，我们还年轻，手脚利落，什么都能做，所以不需要孩子为我们做什么。只要他好好学习，牙膏我们挤好在牙刷上，洗脚水的温度也要掌握好。

因为我们是成年人了，不需要长身体，而孩子处在生长期，一点马虎不得。早餐再忙，也要煎一个荷包蛋，哄着吃片面包，再喝杯牛奶。

因为他们小，啃不好骨头，翅中、精排他们吃，翅根、脊骨我们啃。

就这样，日积月累，他们长大了。他们觉得父母这么做是应该的，父母就喜欢吃翅根、脊骨。而我们不明白了，小时候是我们娇惯着他们，怎么长大了还这么不懂事呢？

为什么他们不懂事，是因为我们没有给过他们感恩的机会，没有提供给他们爱的空间。

有的成年人常常会忘记父母的生日，也想不起父母的口味喜好，是他们粗心，也是父母没有提供给他们这样的机会。

我认识的一位妈妈在这方面就做得很好。

在孩子很小的时候她和爱人离婚，独自抚养一个女儿。她没有因为一个人既要做父亲又要做母亲而抱怨，相反将一切处理得井井有条。每次女儿去超市，都先要去食品区买一种夹心饼干，因为她的妈妈最爱吃。

我问她真的那么喜欢那种饼干，非吃不可吗？她笑着告诉我其实自己并不喜欢吃饼干，只是通过这种夹心饼干让女儿知道这是妈妈喜欢的，所以只要到了超市，女儿就会想到要先去买妈妈喜欢的饼干，这是女儿对她的惦念。在这里，夹心饼干已经不是单纯的食品了，而是女儿关爱妈妈的一种方式。

因为一袋普通的夹心饼干，让女儿有机会把妈妈放在心上。

爱与感恩是一种能力，需要我们做父母的为他们提供机会。

如果一个孩子掌握了感恩这种能力，将胜过人生道路上的无数个双百分。